王楚钦·不一样的成长

《乒乓世界》编辑部 编著

这里，
群星闪耀

人民体育出版社

乒坛典藏·绽放巴黎

引子

犹记得四年前在"无观众模式"下举行的东京奥运会,运动员们都戴着口罩,既不能吹球拍也不能摸球台。当时的王楚钦还只是个坐在看台上的"P卡少年",甚至世界排名从未进过前十。但那是他的第一届奥运会,他因队友们一次次斩获冠军而欢呼,也因错失的那枚混双金牌而遗憾。从那时起,他便开始憧憬属于自己的奥运舞台。

在巴黎奥运会上,王楚钦肩负三项任务,成为最忙碌的选手之一,这也是他真正意义上的第一次奥运之旅。最先到来的,恰是压在他心底最沉最重的那个心愿。为了这枚奥运混双金牌，王楚钦和搭档孙颖莎努力备战了三年，他甚至"愿意用生命作为交换"。尽管过程充满坎坷和艰难，但混双金牌的圆满结果在巴黎尘埃落定。三年里的暴风成长，王楚钦靠着自己挥出的一拍又一拍，从东京奥运的"P卡少年"，成为巴黎奥运的绝对主力。

然而在成长的路上，有阳光也必然会有风雨。王楚钦第一次的奥运征途就是这样晴雨交加。当所有人沉浸在国乒"首金"的喜悦中时，一些场外意想不到的不和谐插曲也随之而来——单打赛场上的早早出局使王楚钦的巴黎之旅显得不那么完美。但成长，不就是这样吗？

尽管单打失利为他的情绪蒙上了一层阴影，但场外质疑的压力反而成了王楚钦的动力。站在团体赛场上的他，仍然兼顾单双打任务，场场都能扛住压力为球队贡献两分。正如他在赛后鼓励青少年时所说的，人生的困难和挑战正是进步的契机，只要能跨越这些障碍，就会迎来新的成长。

少年不惧荆棘路，王楚钦的成长充满拼搏与坚持。巴黎奥运会在他成长道路上刻下的一圈圈深深的年轮，好的或是不好的，都是宝贵的财富；那些没能达成的愿望，都将成为他下一个周期更加清晰的目标。

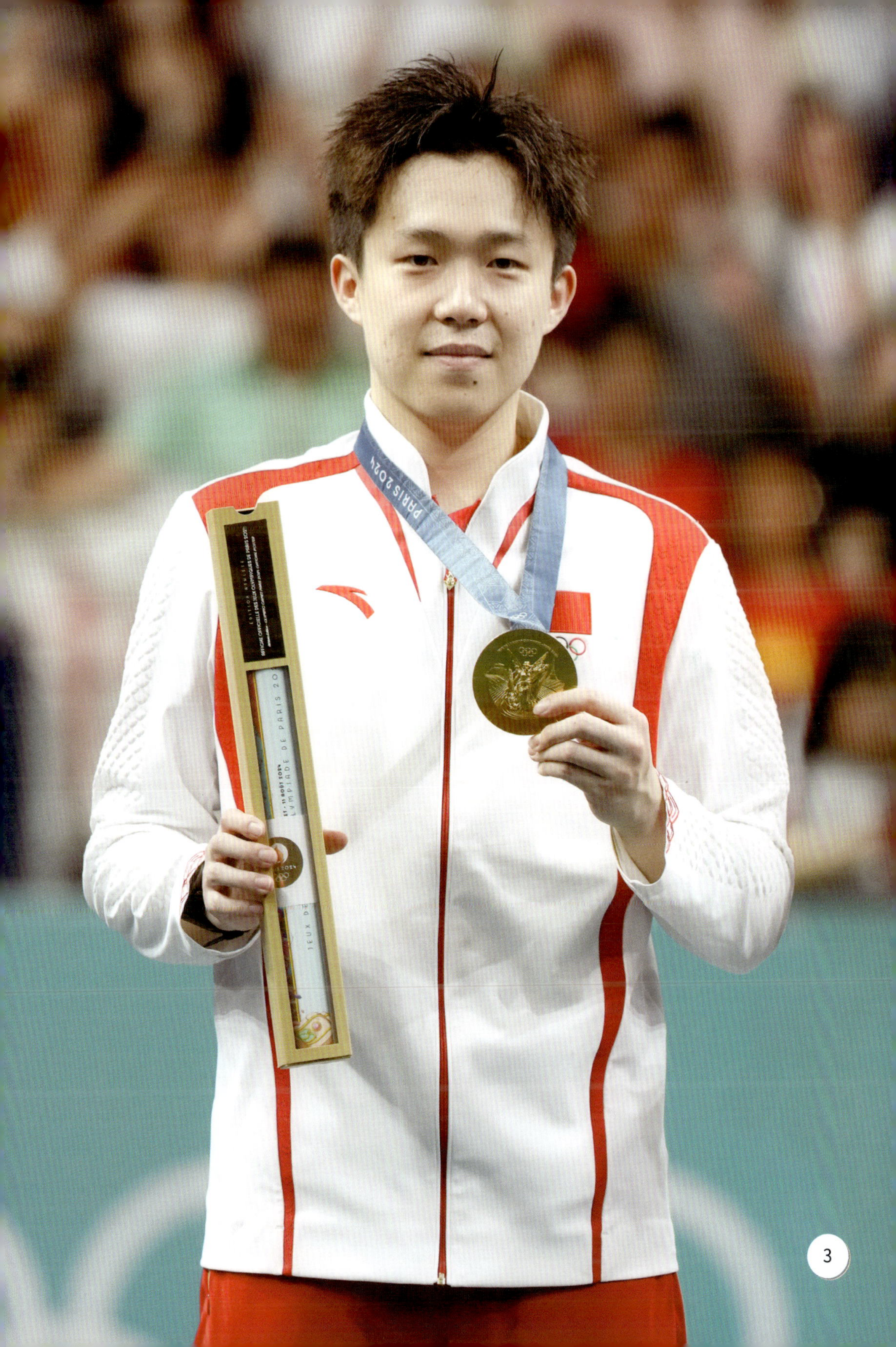
PARIS 2024

目录 CONTENTS

混 双　MIXED DOUBLES

1/8 决赛　　／005

1/4 决赛　　／015

半决赛　　　／027

决赛　　　　／037

PING PONG

男 单 MEN'S SINGLES

1/32 决赛 ／ 047

1/16 决赛 ／ 057

男 团 MEN'S TEAMS

1/8 决赛 ／ 067

1/4 决赛 ／ 077

半决赛 ／ 087

决赛 ／ 097

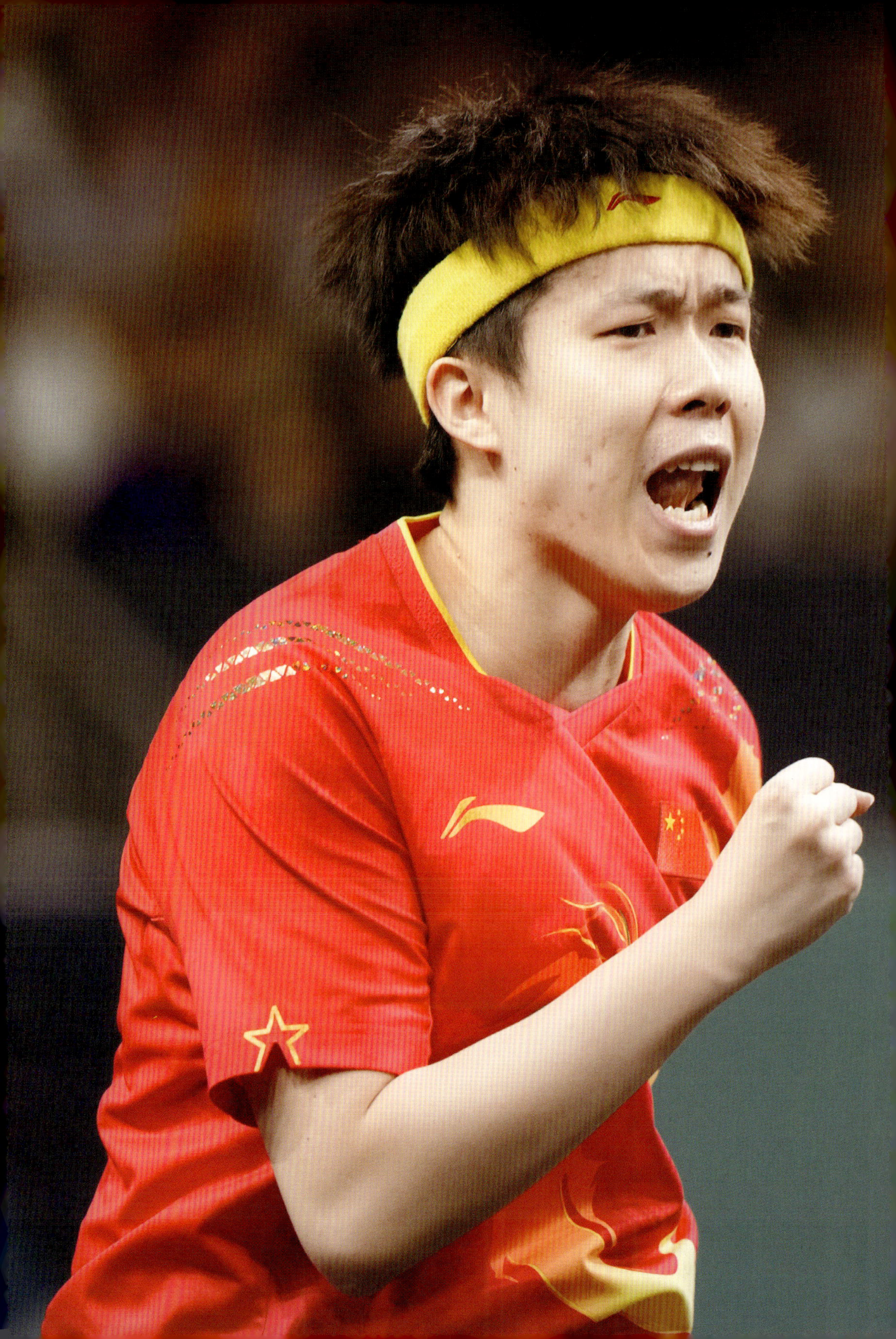

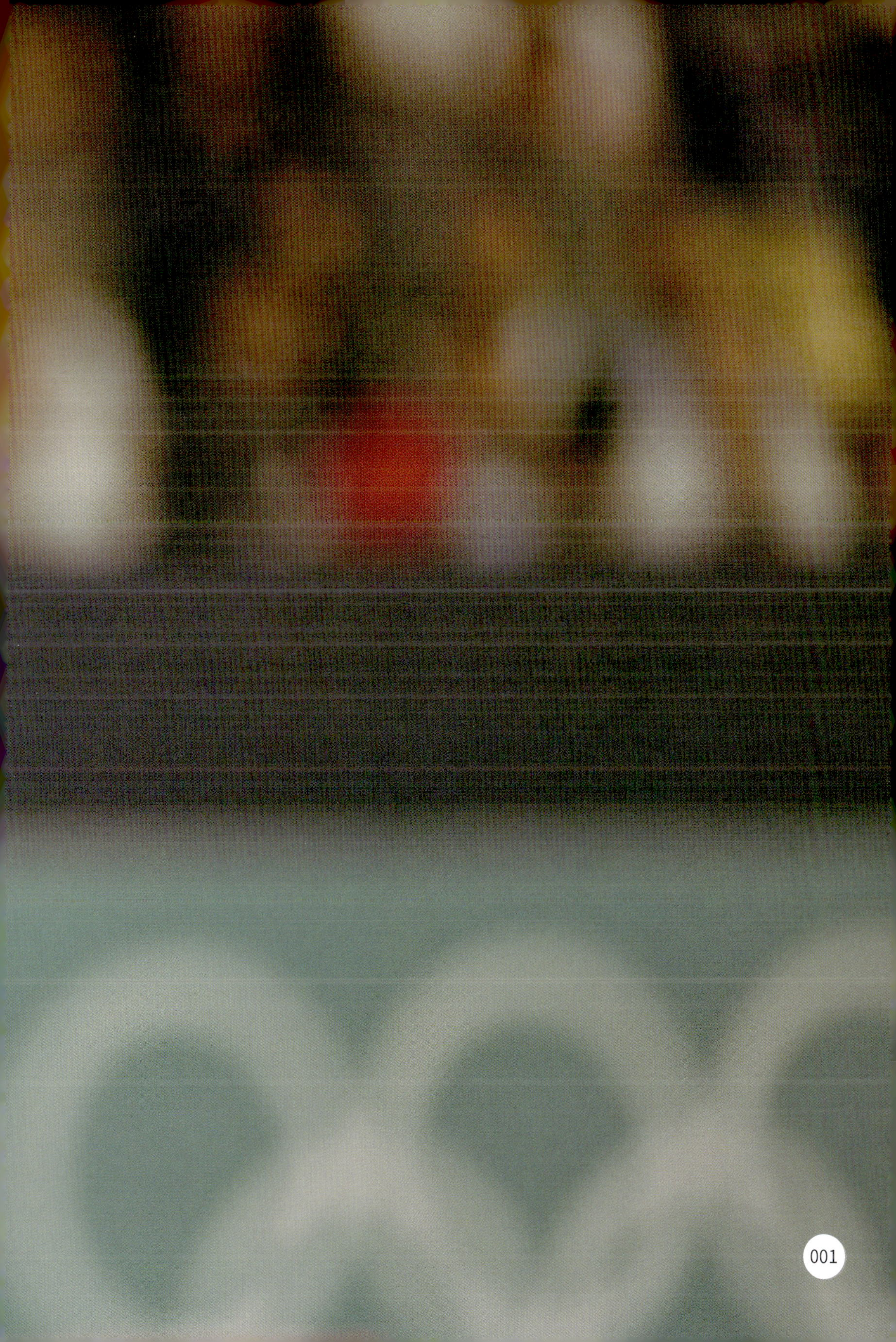

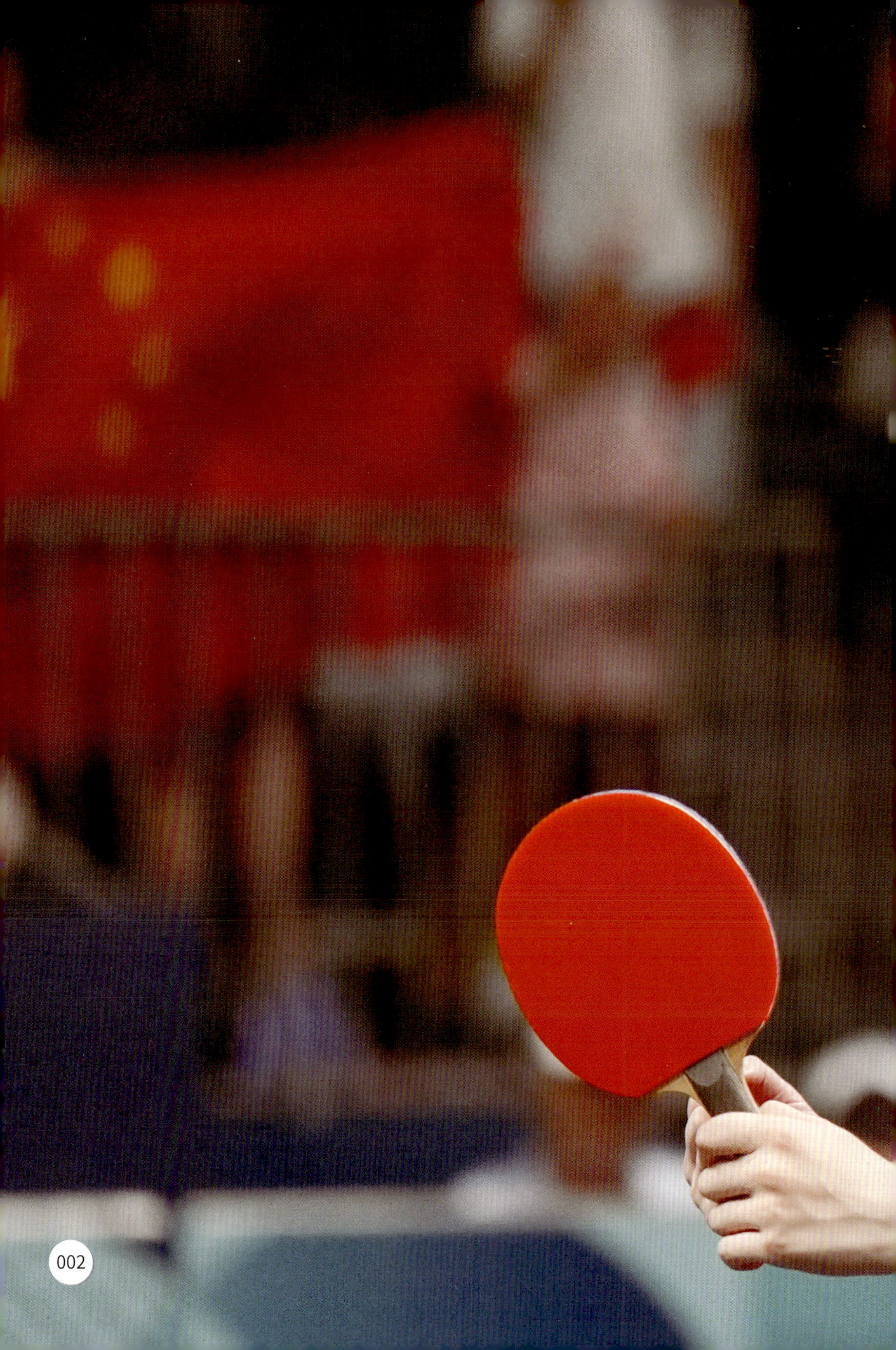

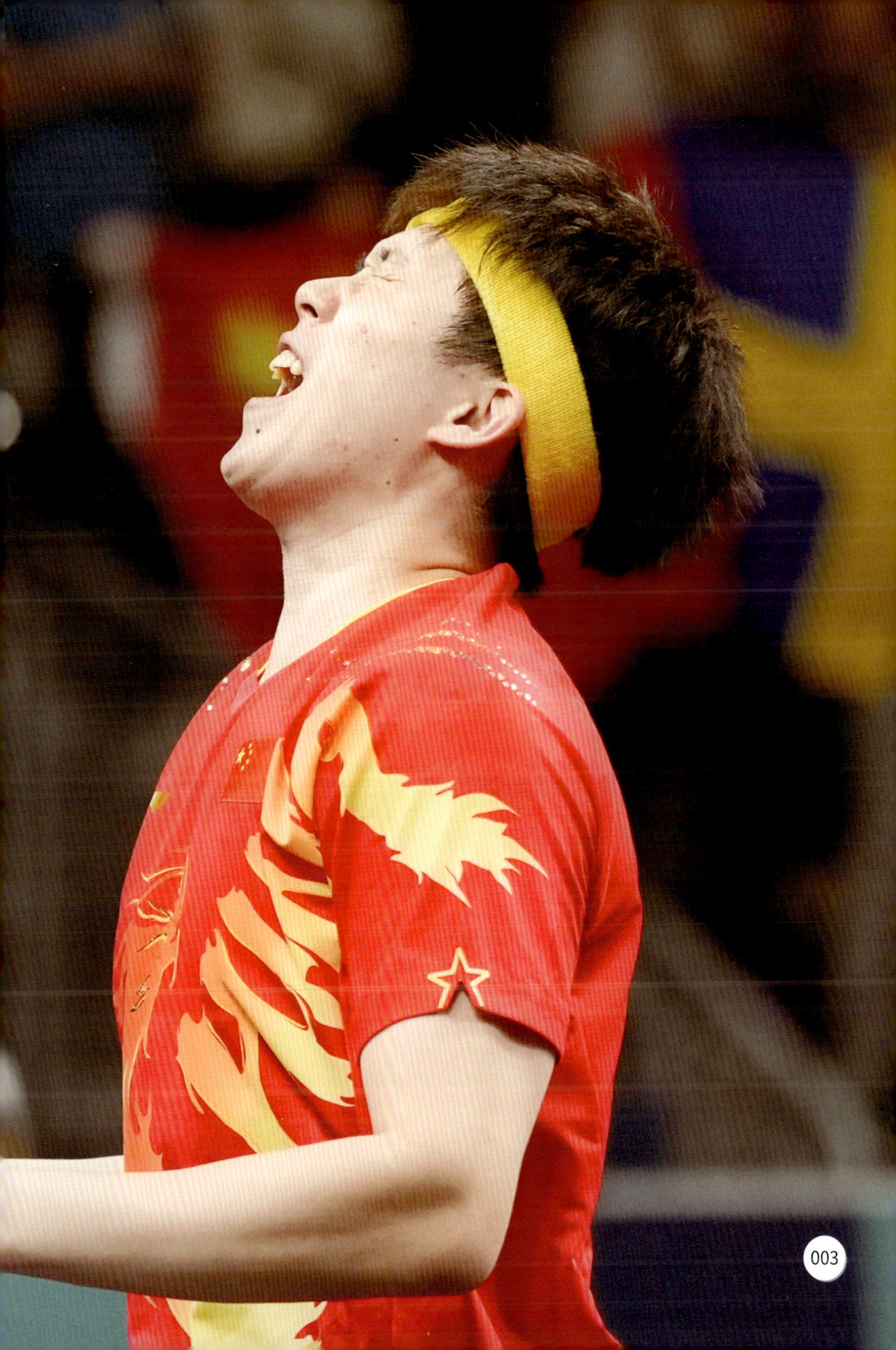

混 双

MIXED DOUBLES

1/8 决赛

>>> **2024 / 7 / 27**
王楚钦在奥运首秀中,与搭档孙颖莎顺利战胜埃及组合。

007

在首场比赛中，王楚钦不断为自己和队友呐喊。

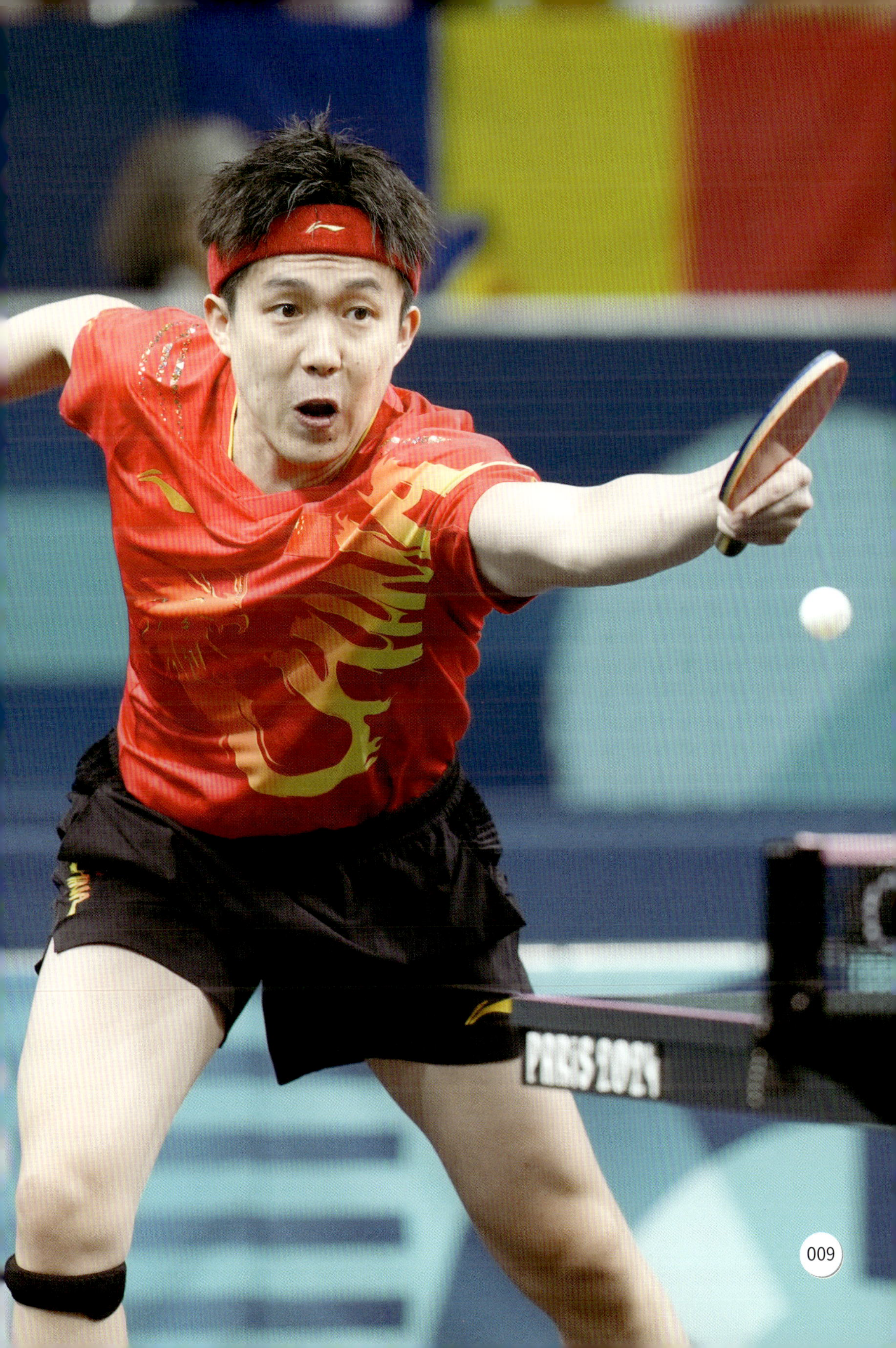
PARIS 2024

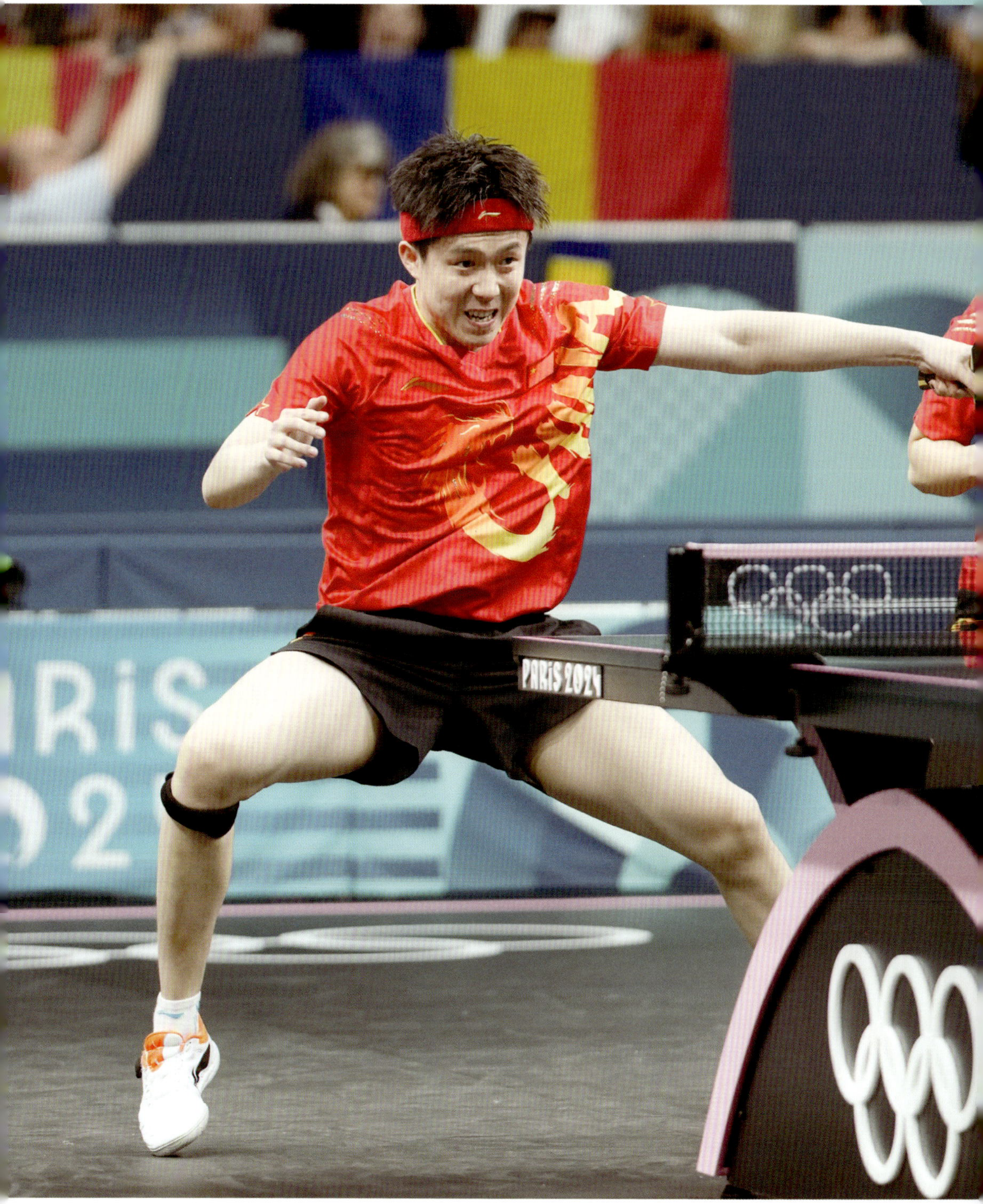
PARIS 2024

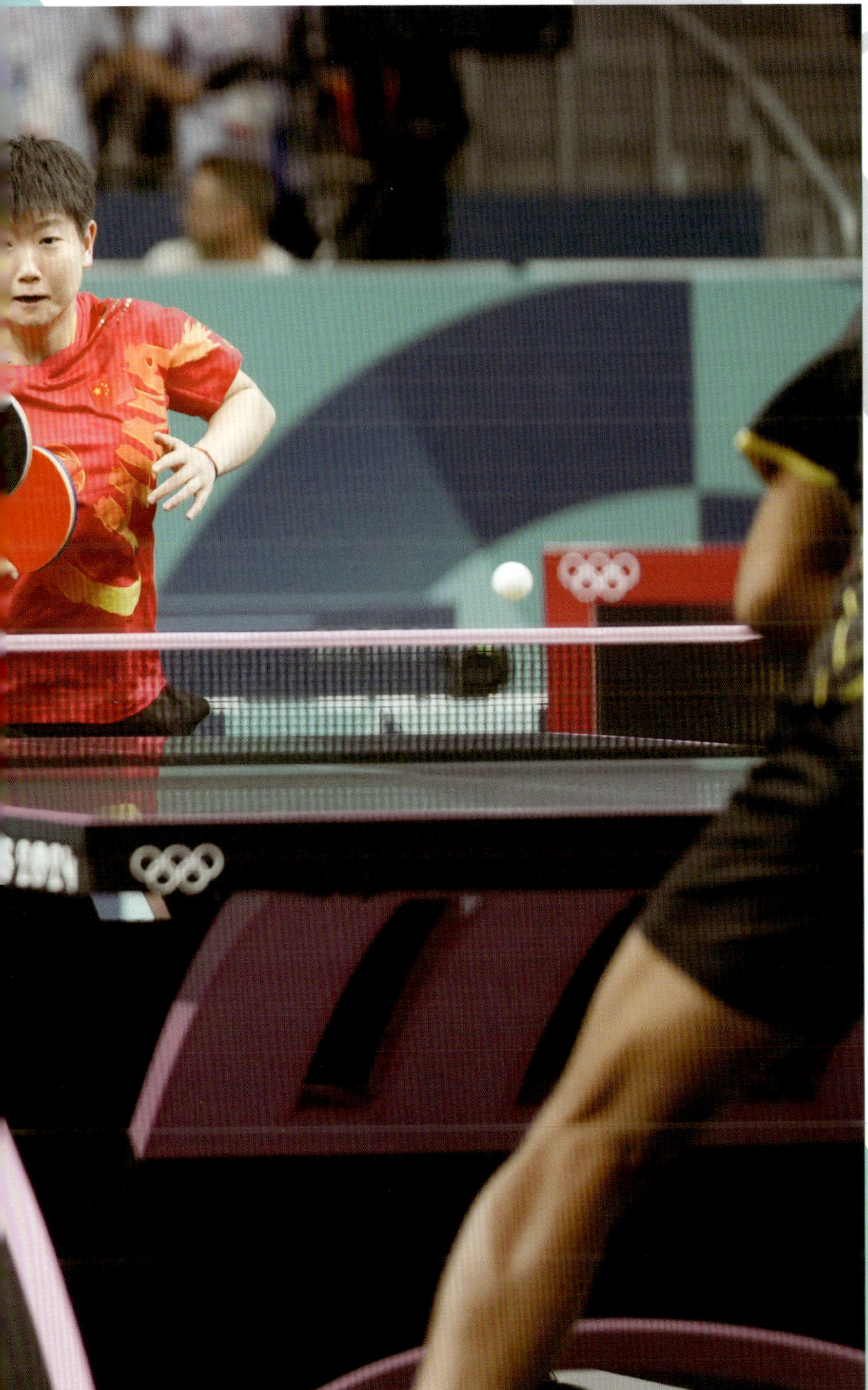

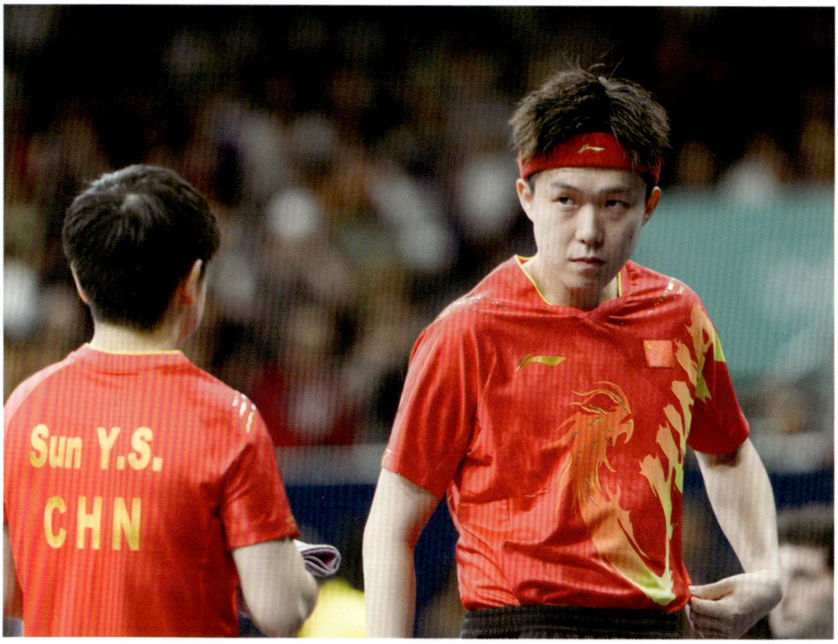
Sun Y.S.
CHN

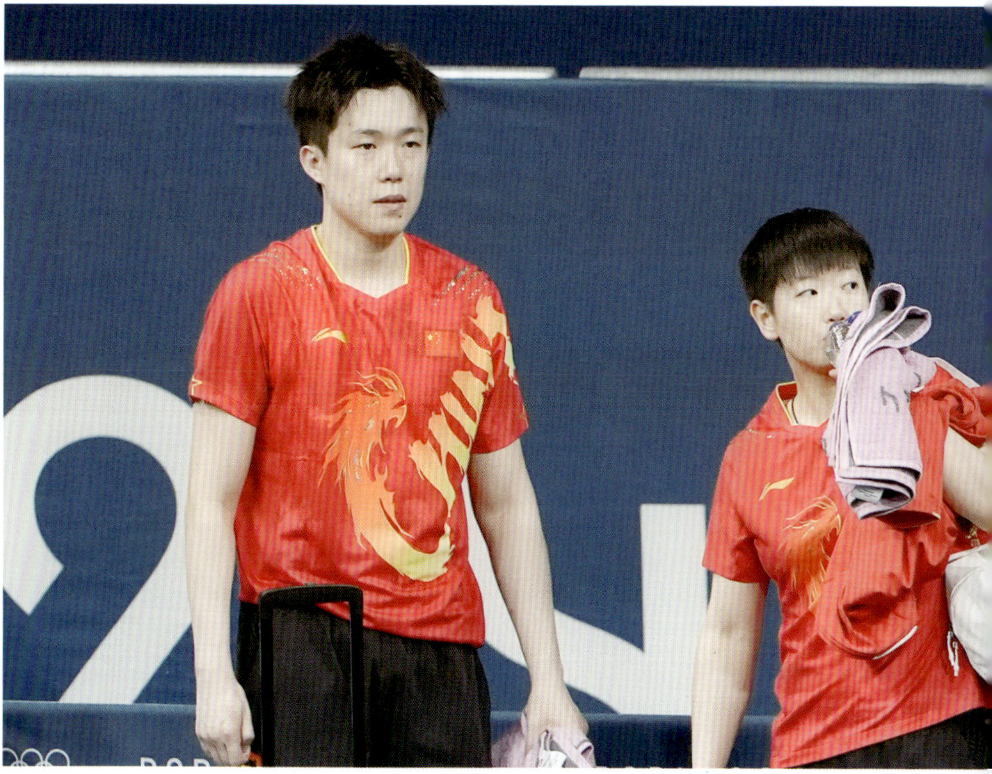

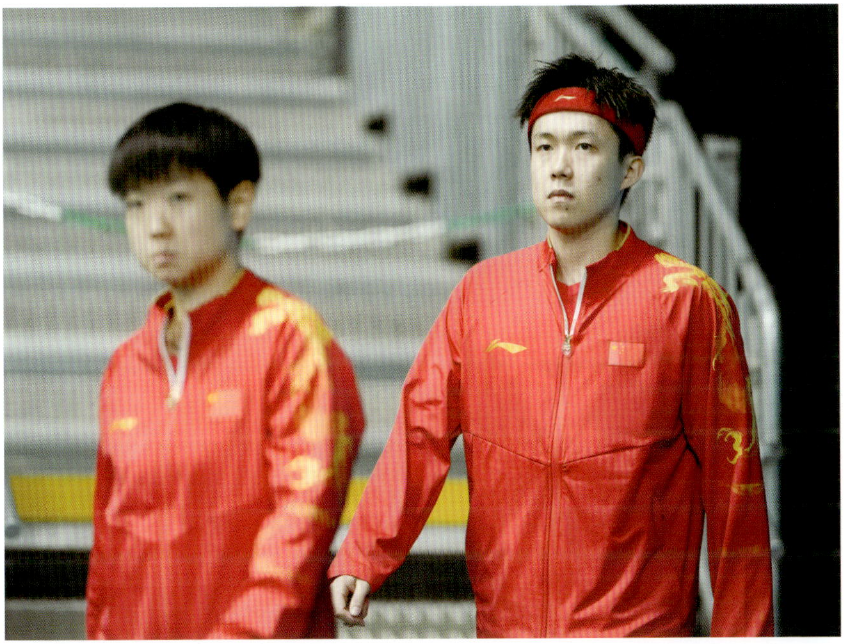

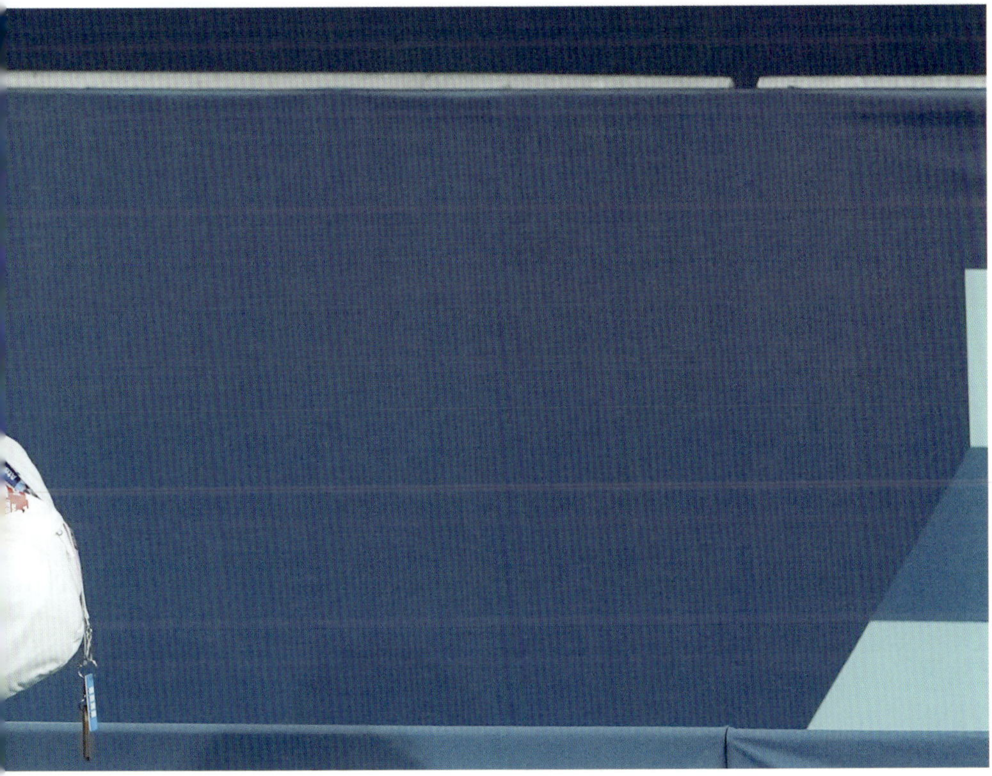

混 双

MIXED DOUBLES

1/4 决赛

>>> **2024 / 7 / 28**

王楚钦/孙颖莎遇到强敌中国台北组合，他们耐心寻找破敌方法，最终获胜。

017

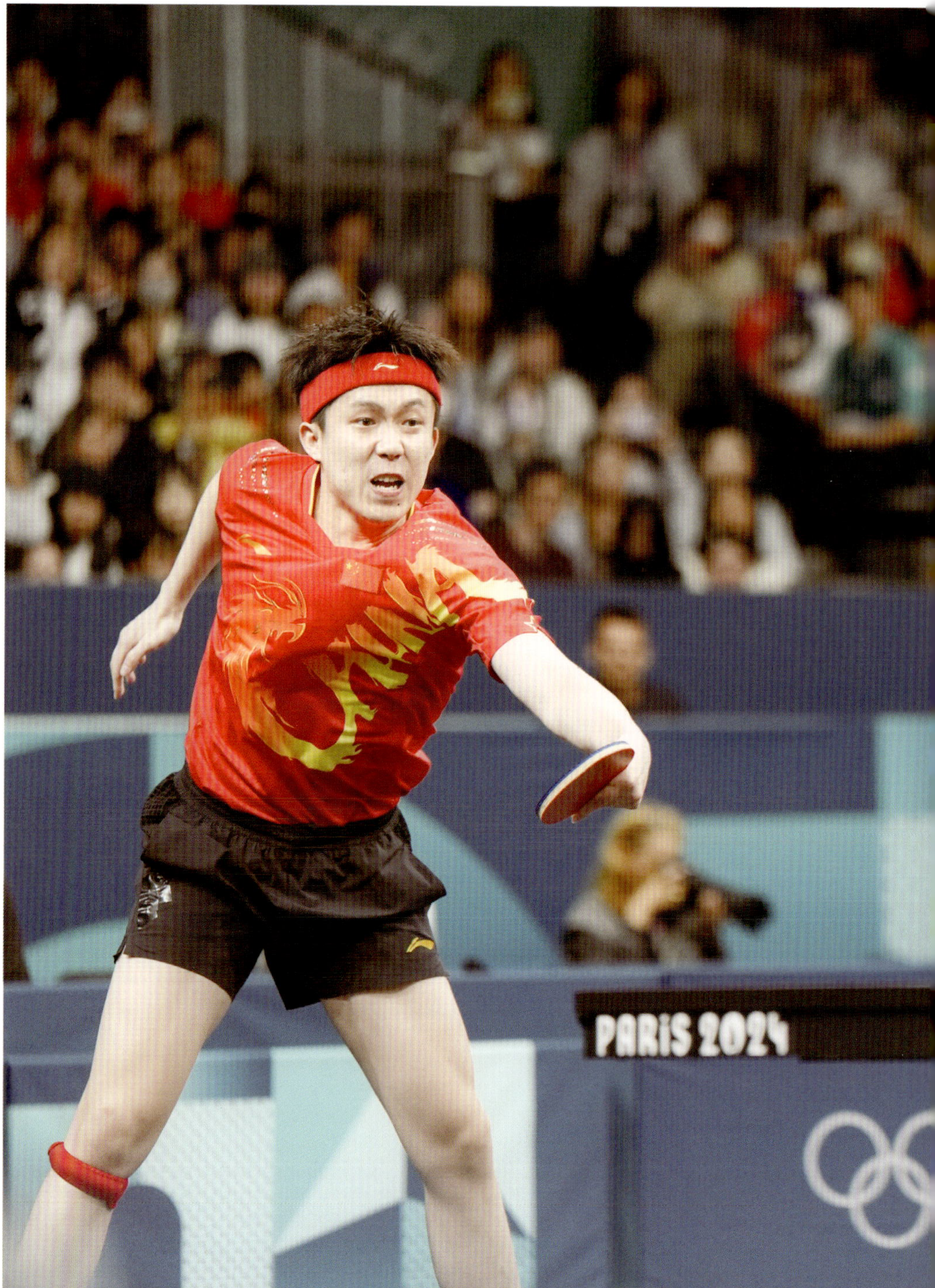

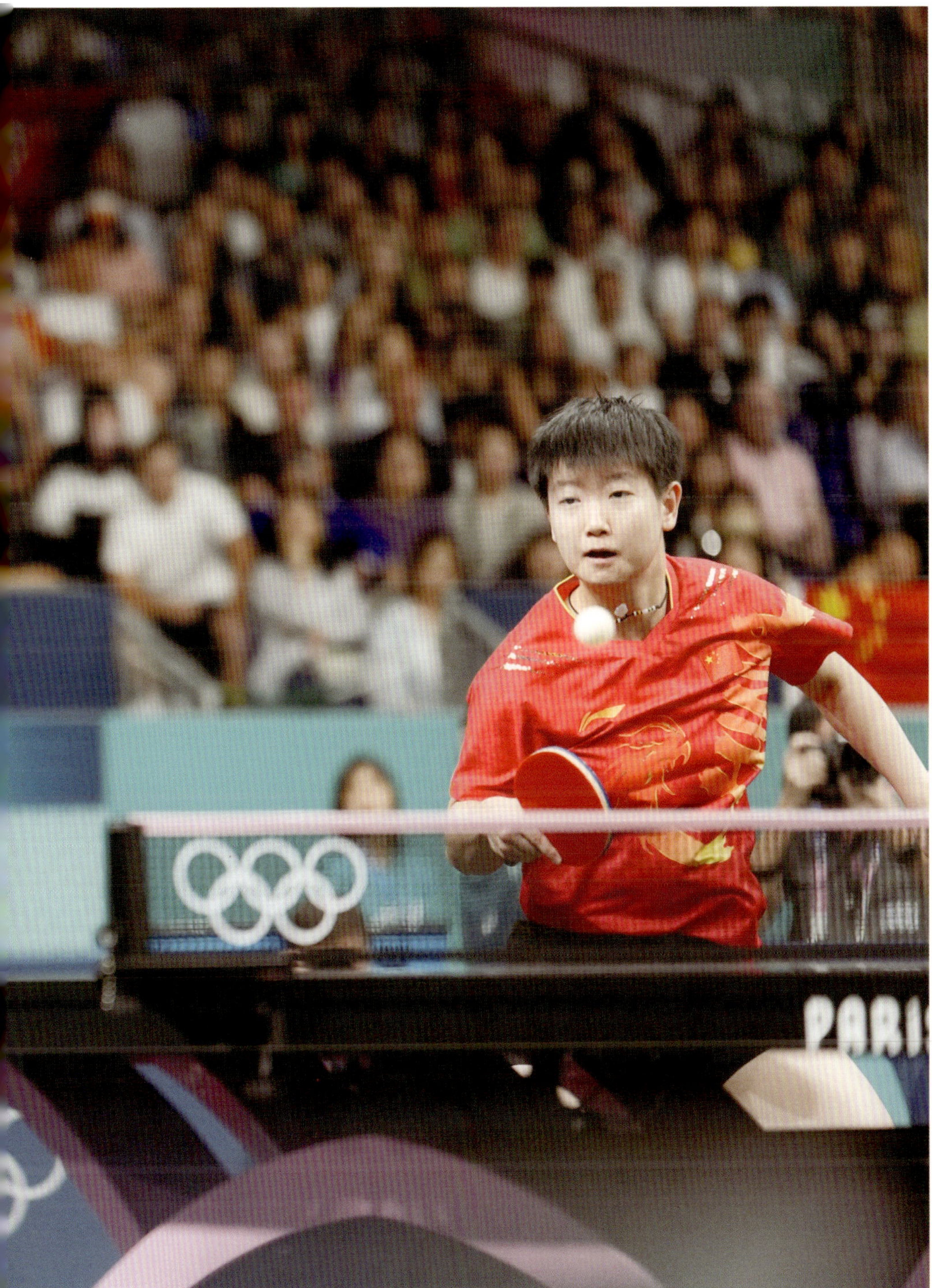
PARIS

020

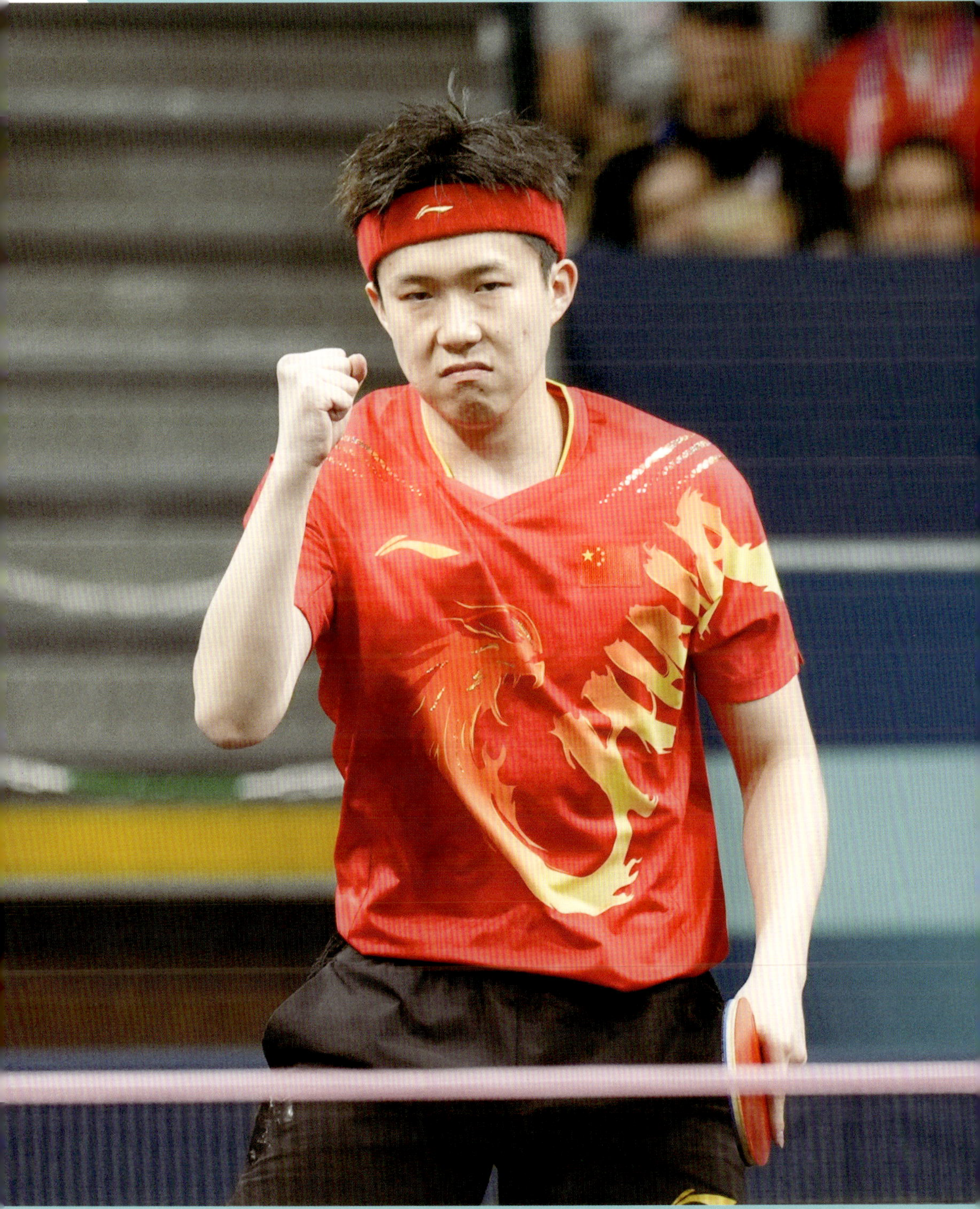
CHINA

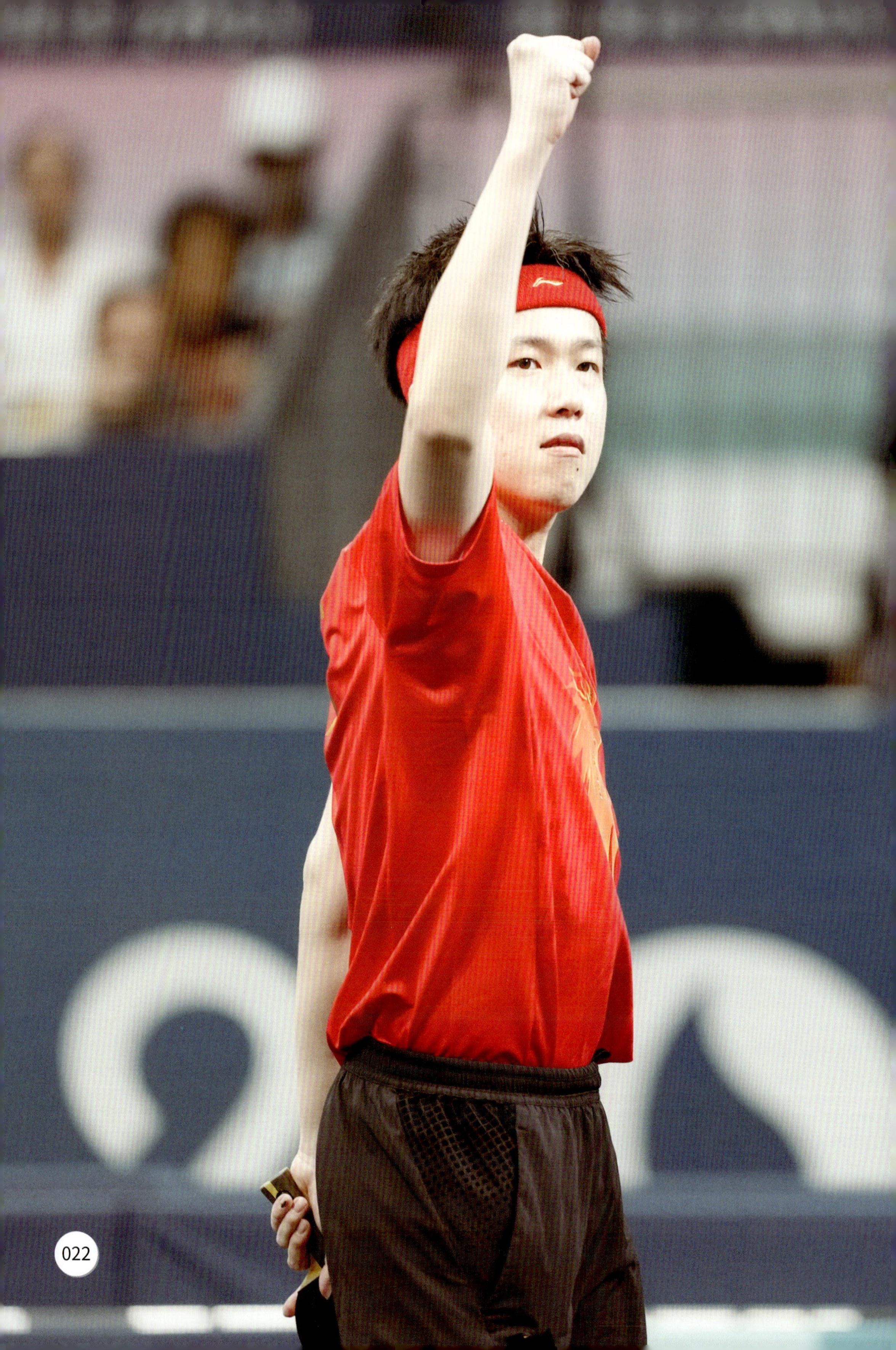

在场上，王楚钦及时与孙颖莎沟通想法，交换意见。

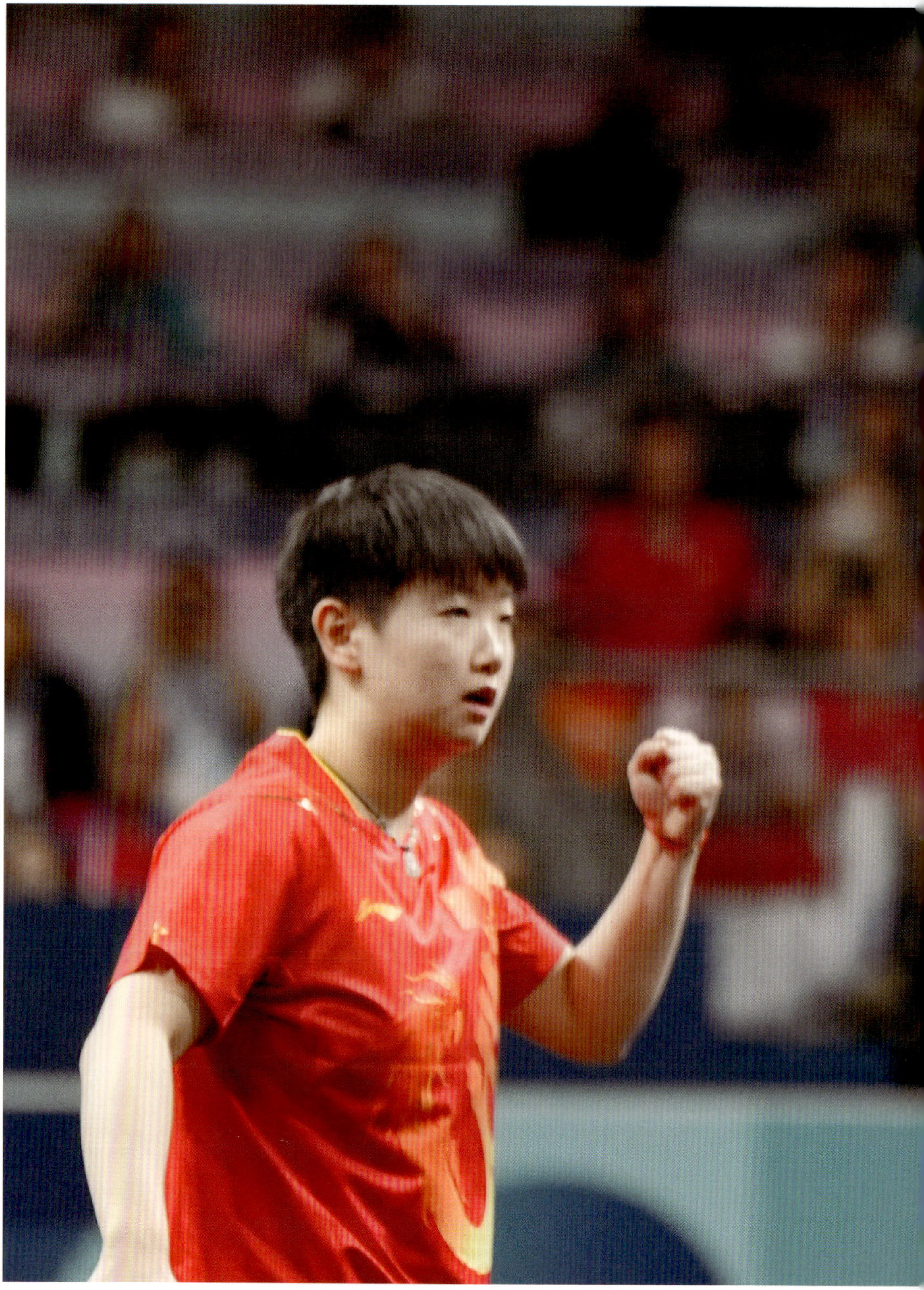

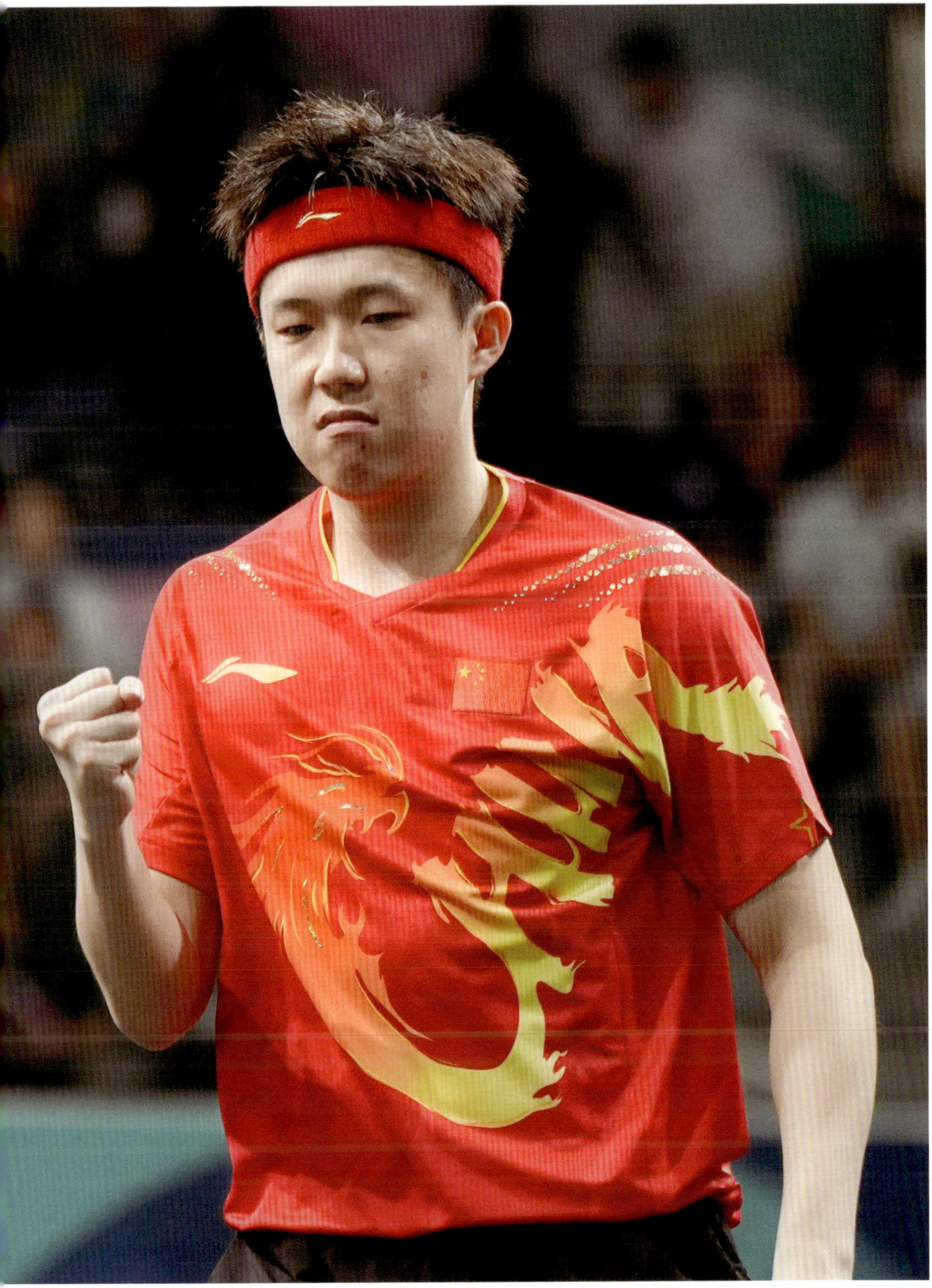

混 双

MIXED DOUBLES

半 决 赛

>>> **2024 / 7 / 29**

半决赛，王楚钦 / 孙颖莎与实力不俗的韩国组合林钟勋 / 申裕斌相遇。

又是一场4比2，王楚钦/孙颖莎昂首挺进决赛。
王楚钦在这场比赛中表现完美，攻防两端都给了对手很大压力。

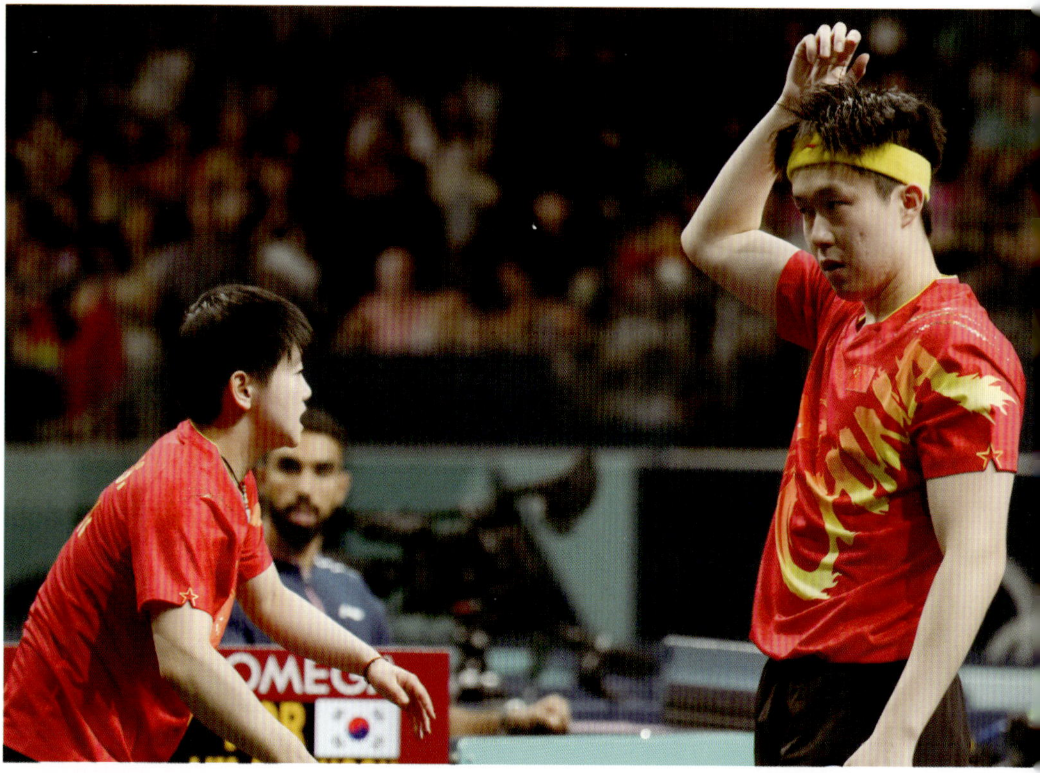

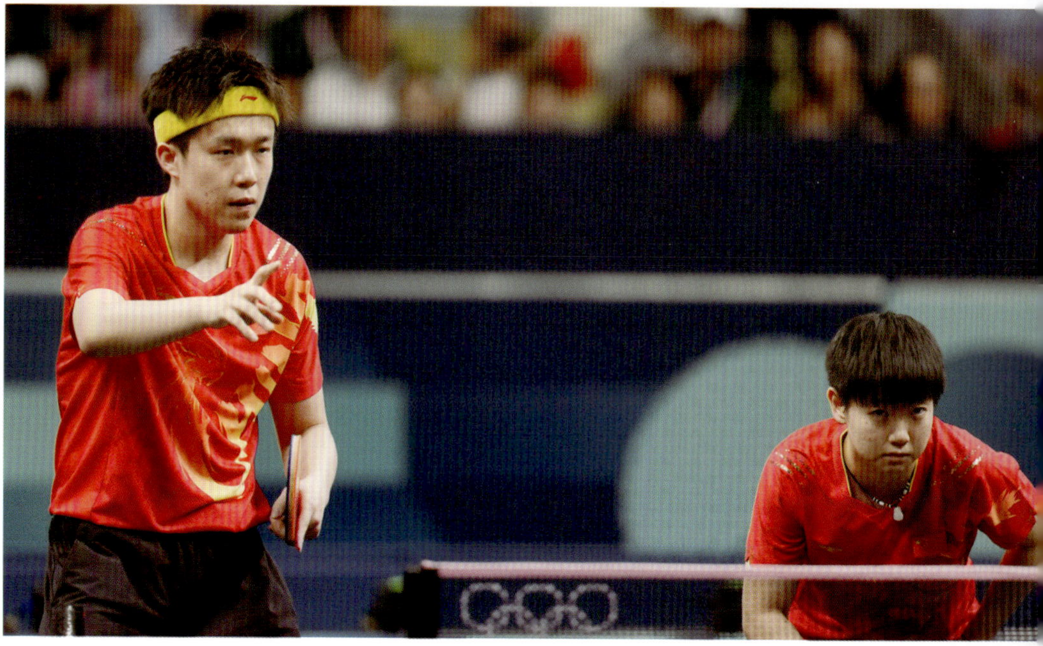

031

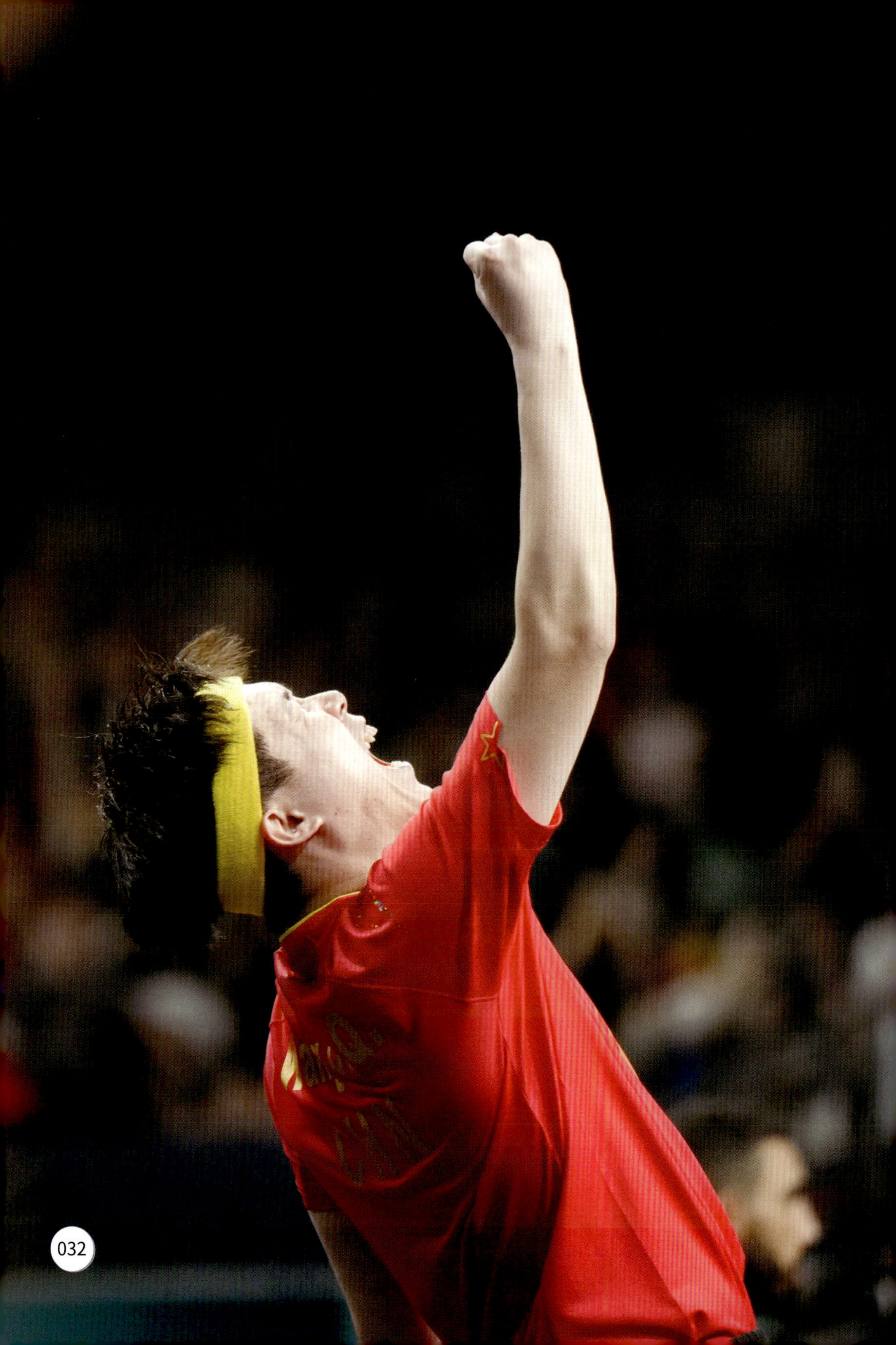

033

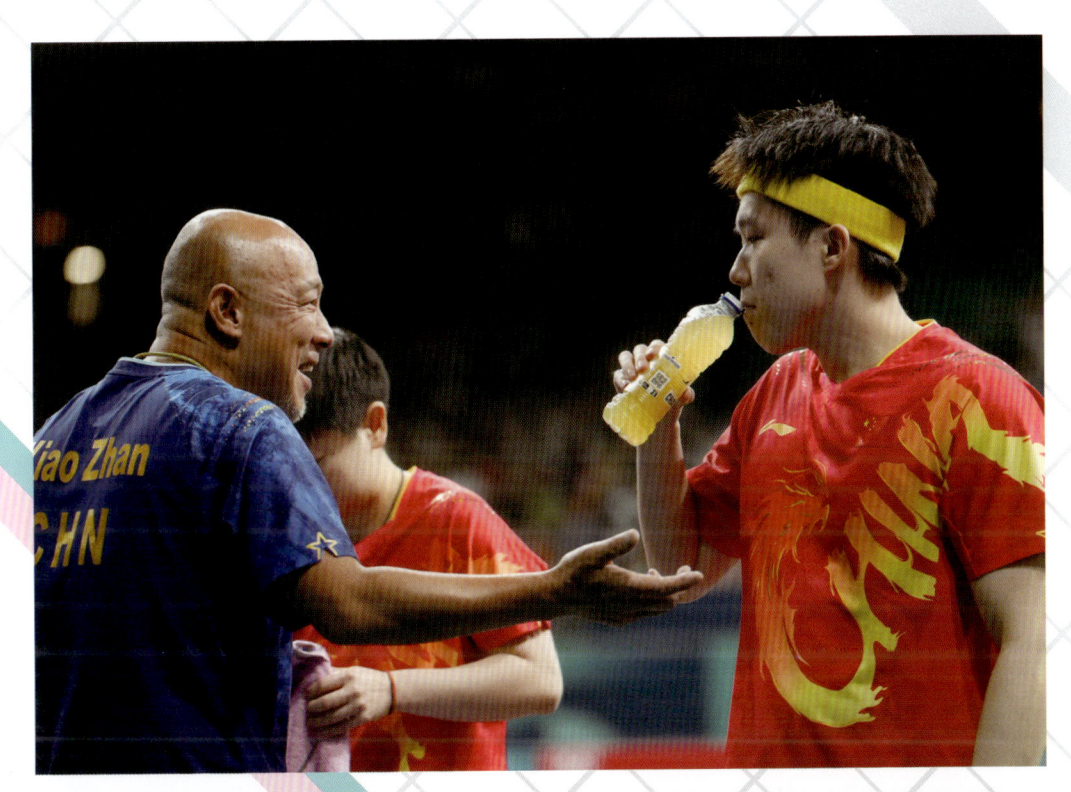

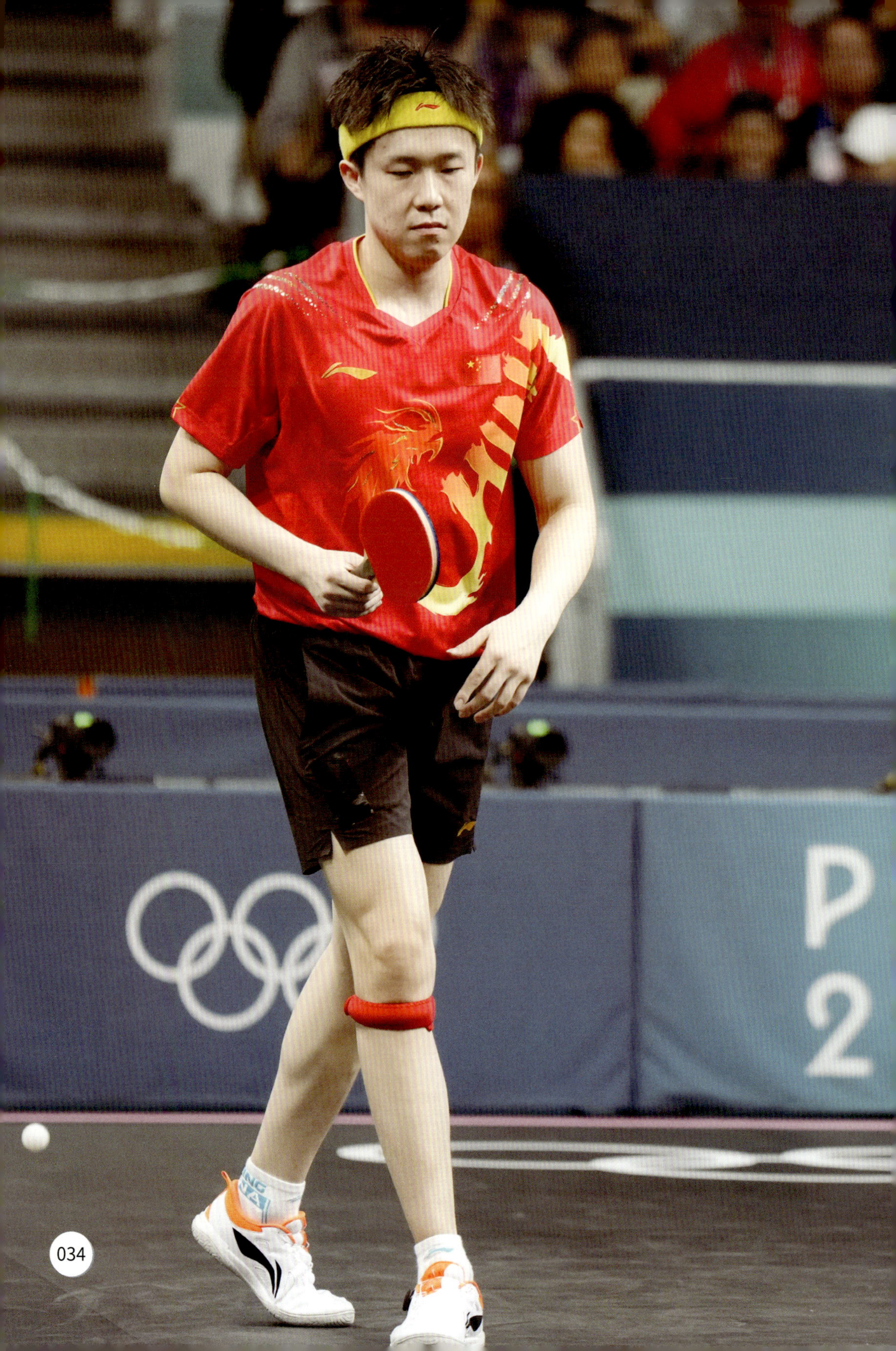
P
2

035

混 双

MIXED DOUBLES

决 赛

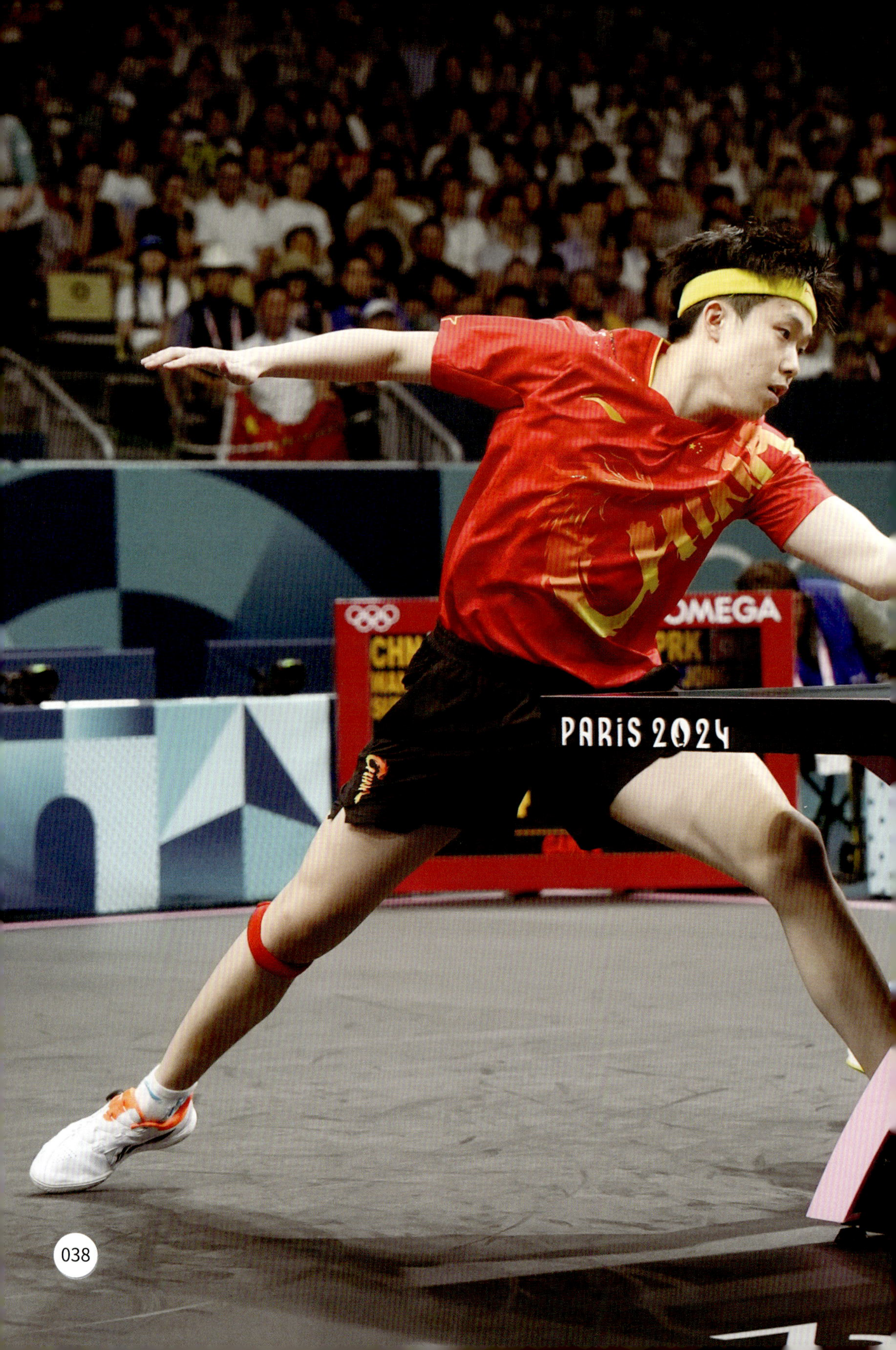
OMEGA
CHN
PRK
PARIS 2024

>>> **2024 / 7 / 30**
王楚钦 / 孙颖莎迎来冲金之战。

PARIS 2024

面对朝鲜"黑马",王楚钦/孙颖莎准备充分,见招拆招。

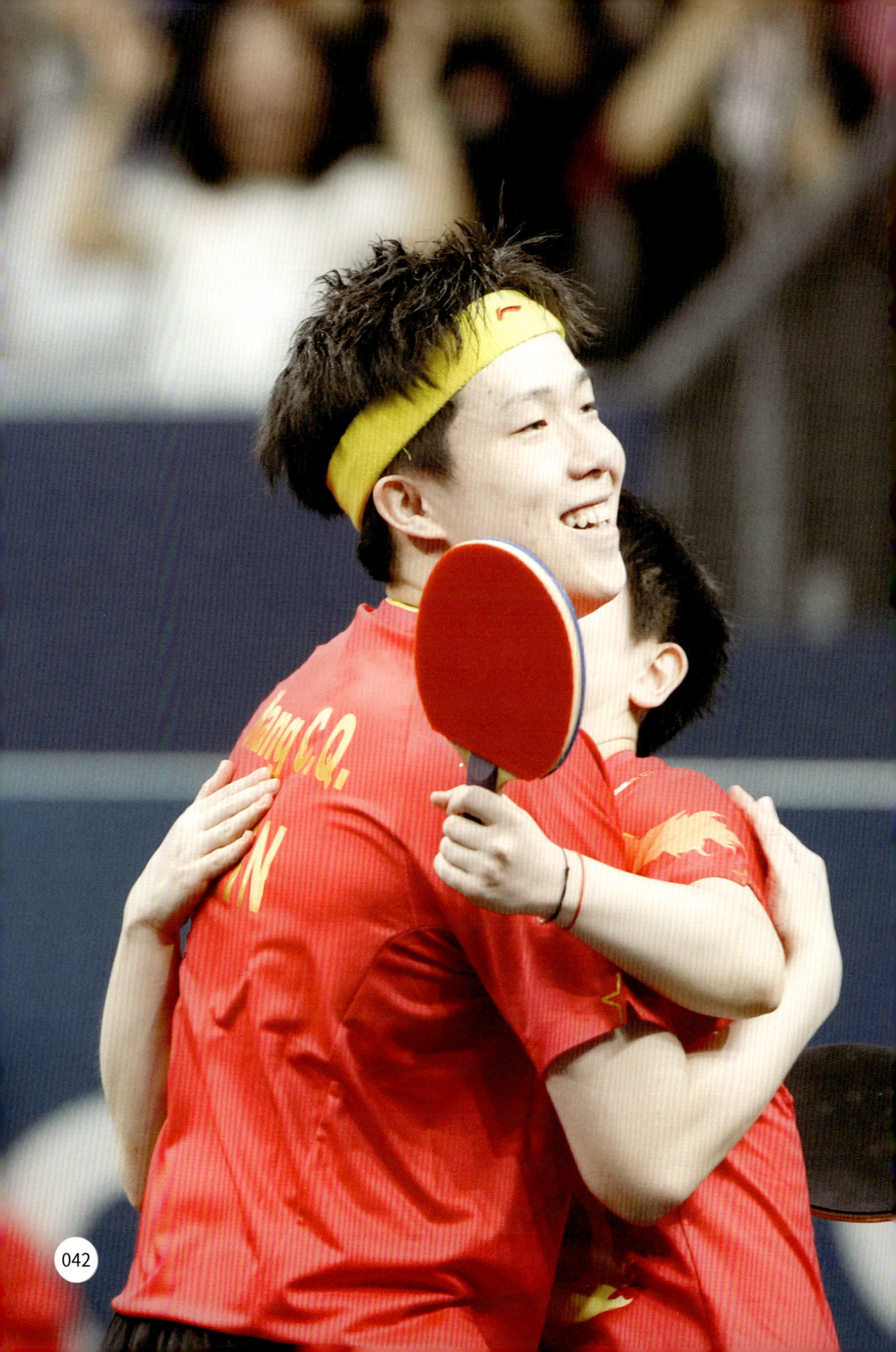

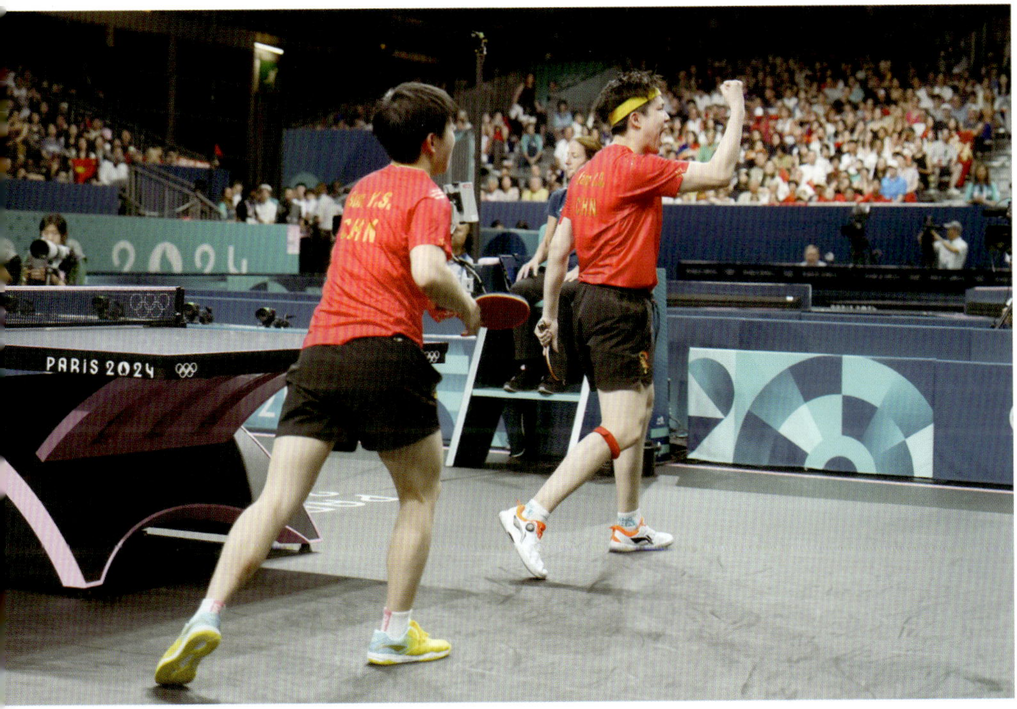
PARIS 2024
CHN

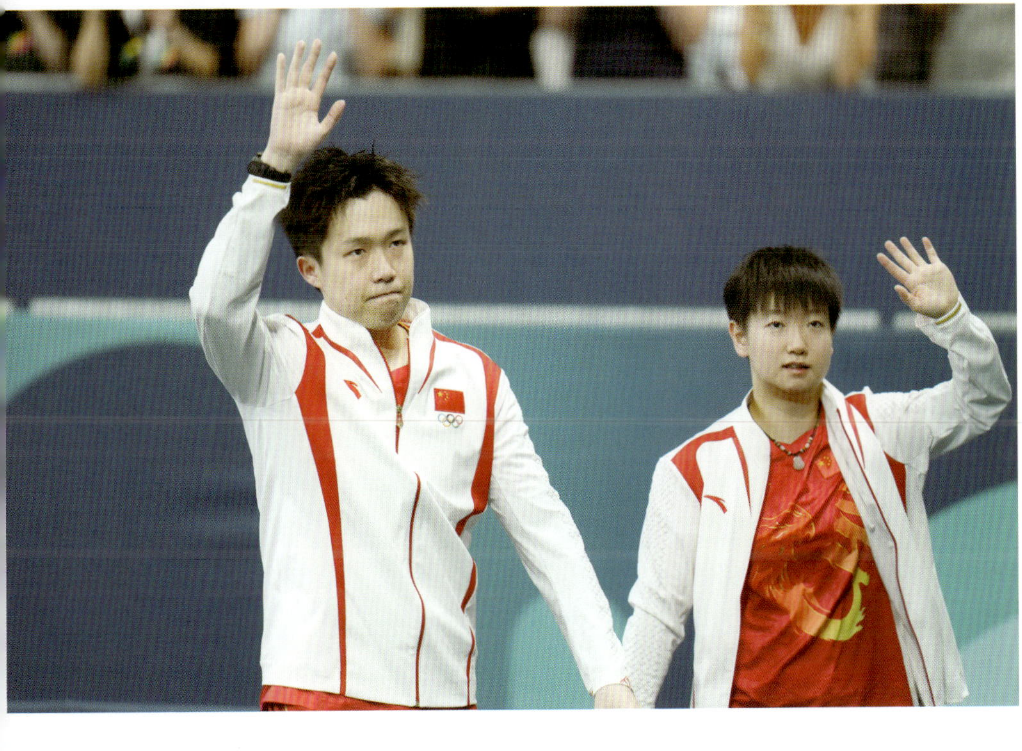

王楚钦 / 孙颖莎最终为中国乒乓球队拿到奥运混双首金。

045

男单

MEN'S SINGLES

1/32 决赛

>>> **2024 / 7 / 28**
身兼3项的王楚钦开始了单打征程。

049

男单首轮，王楚钦以4比1（7-11，11-3，11-4，11-9，11-4）击败了斯洛伐克削球手汪洋。

051

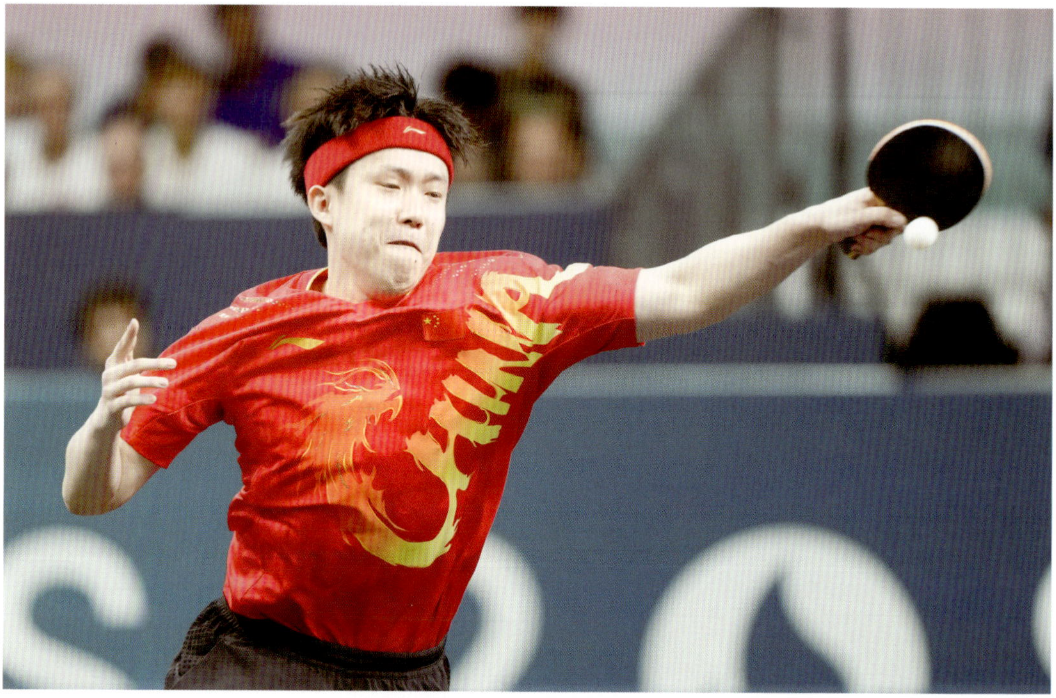

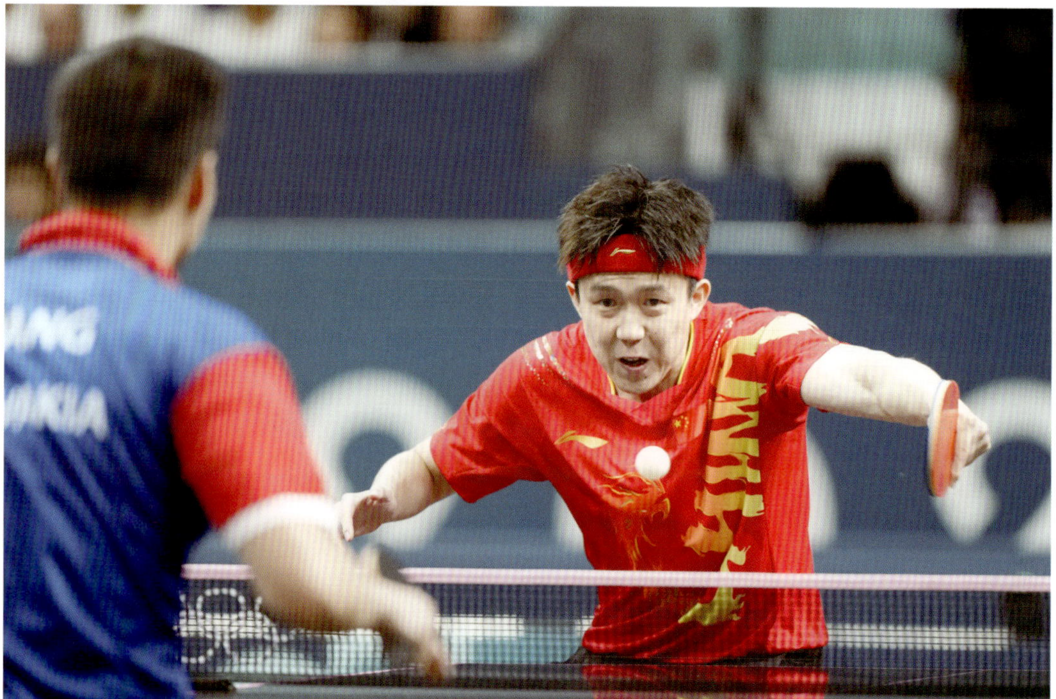

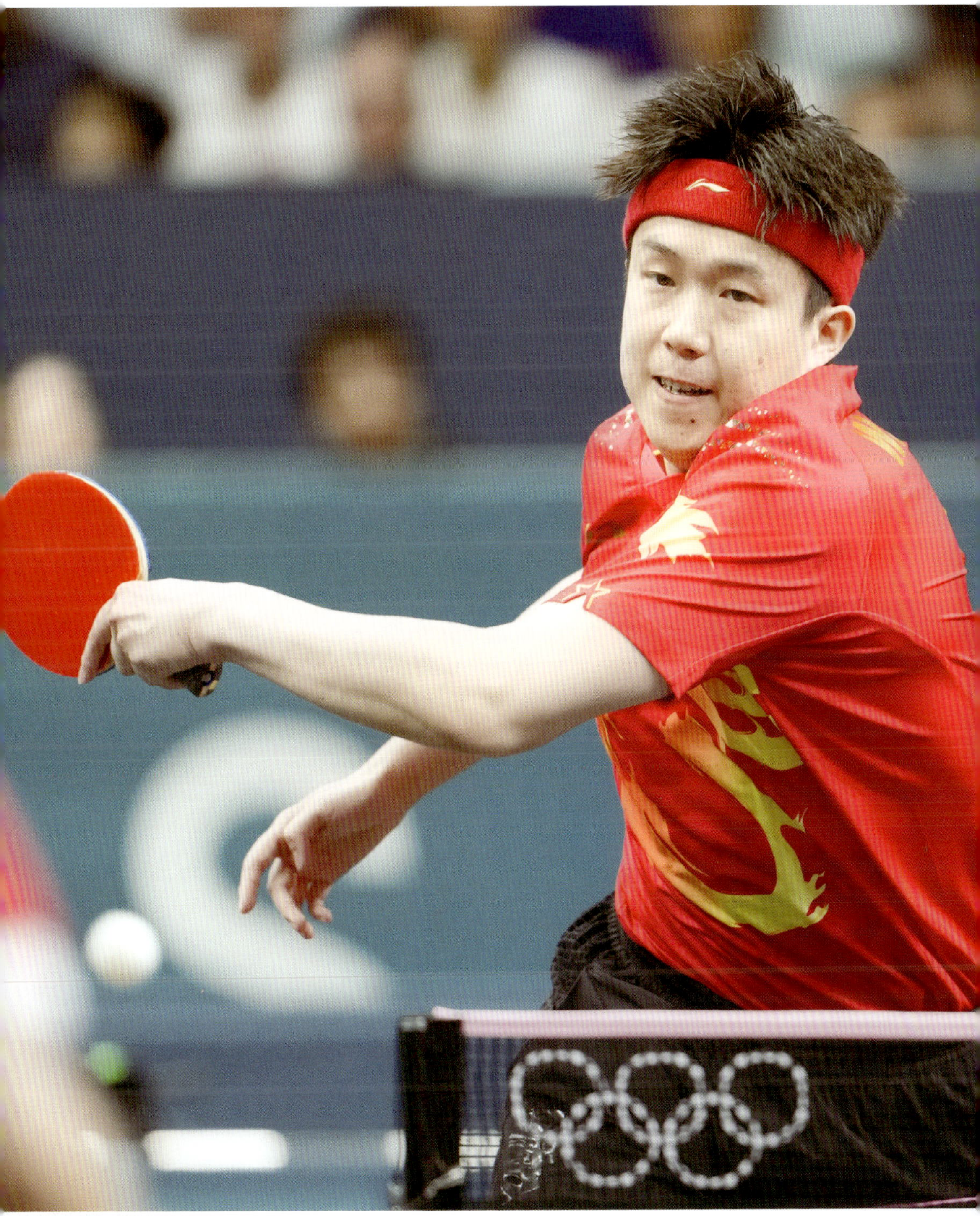

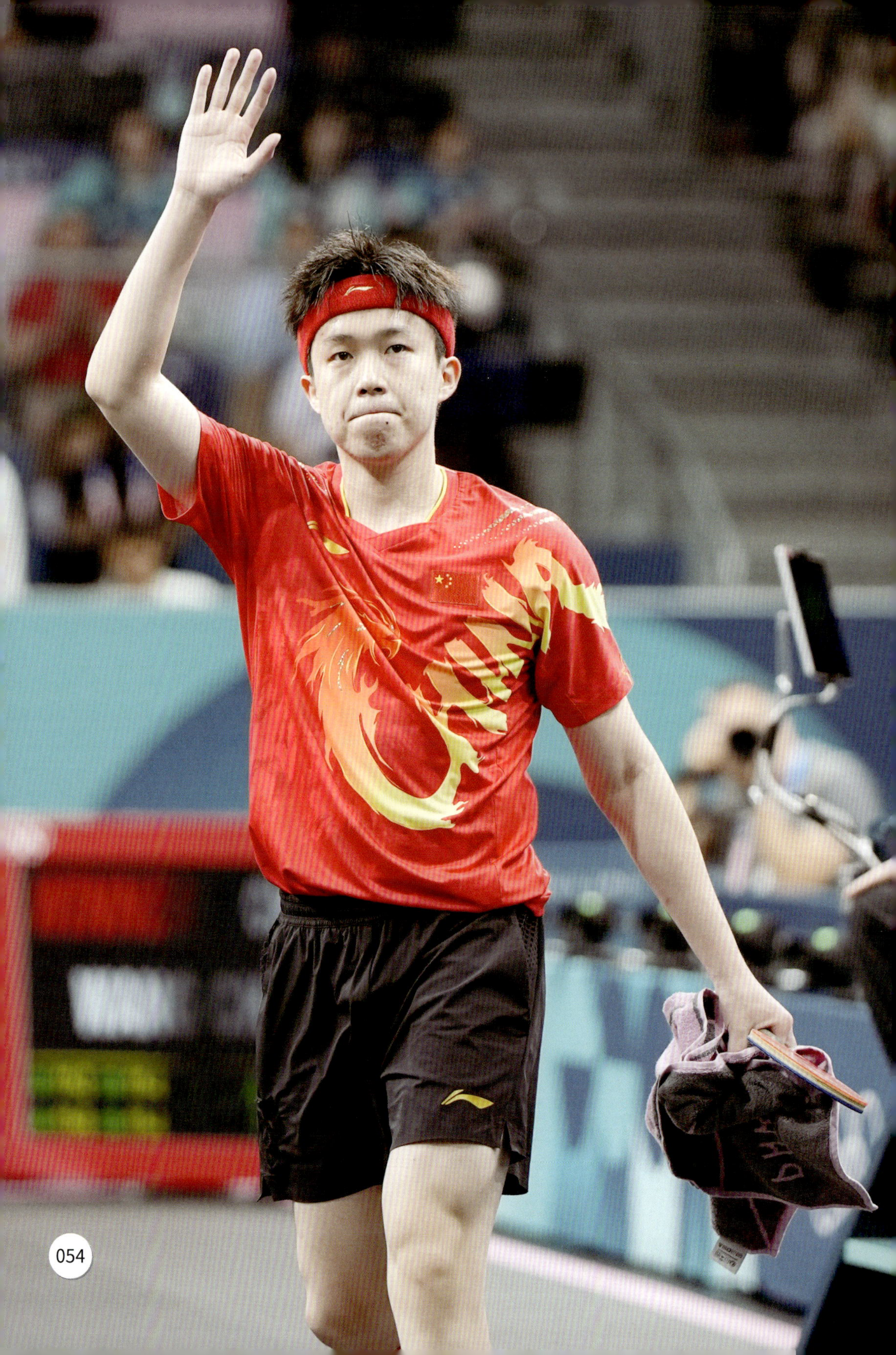

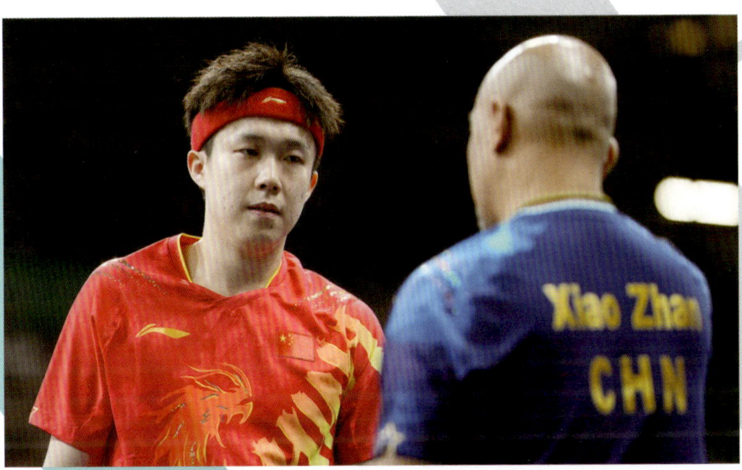
Xiao Zhan
CHN

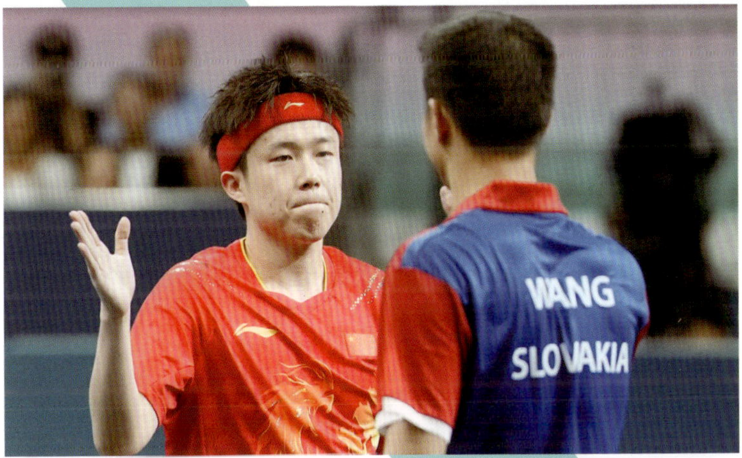
WANG
SLOVAKIA

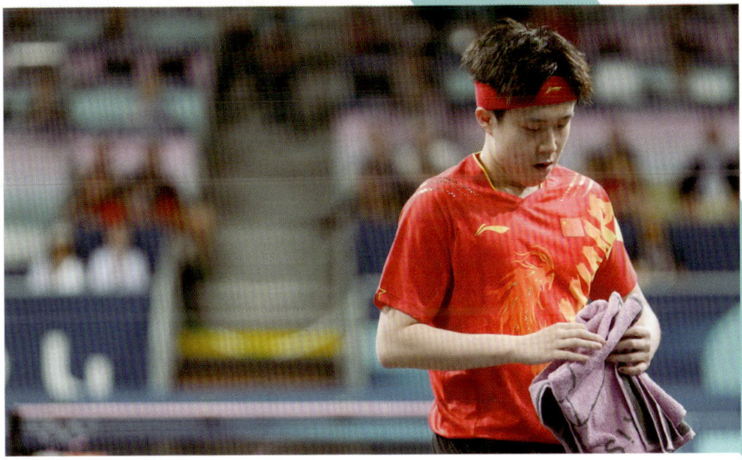

男 单

MEN'S SINGLES

1/16 决赛

>>> **2024 / 7 / 28**
王楚钦与2021年休斯敦世乒赛男单亚军莫雷高德交手。

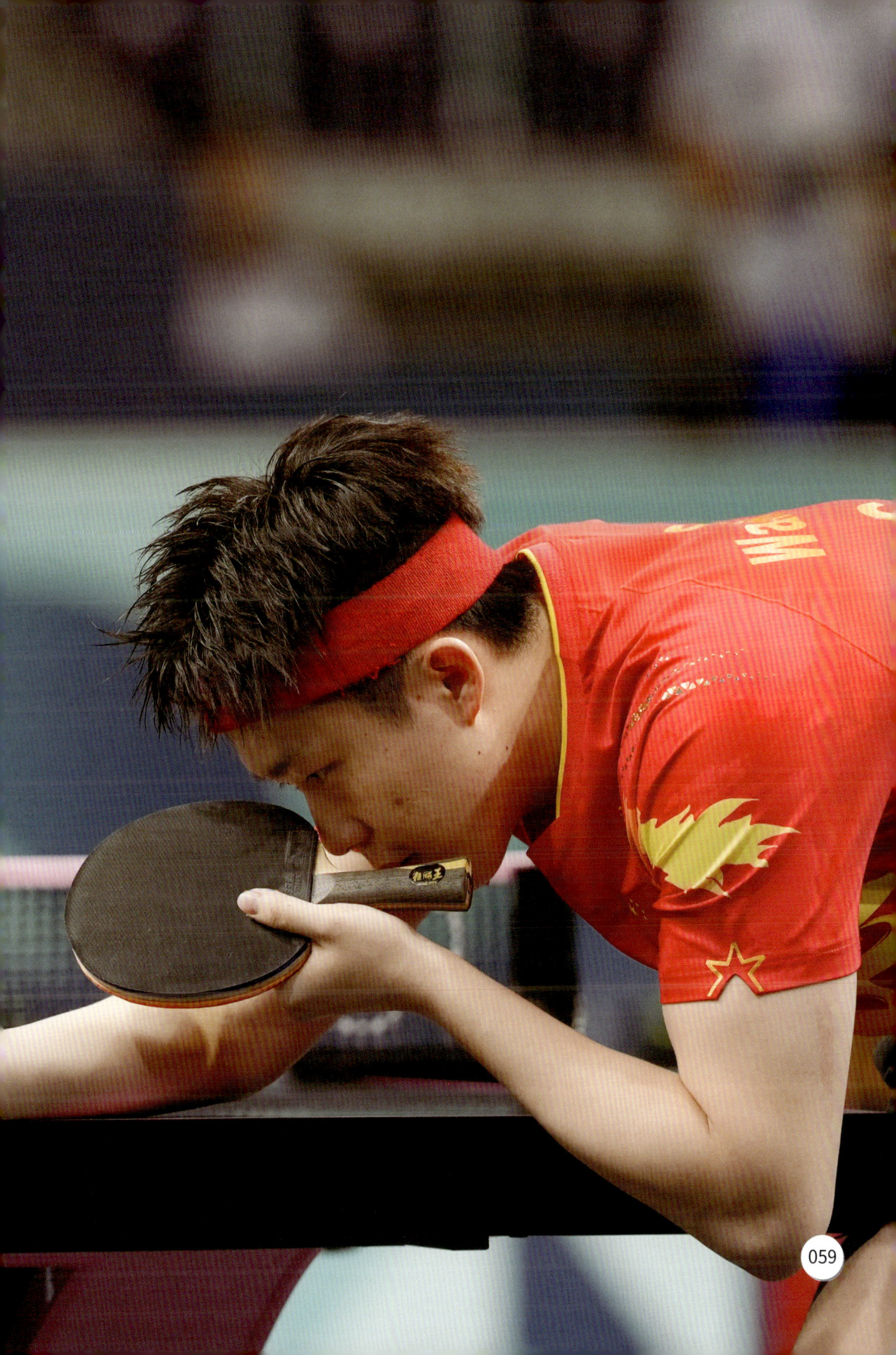

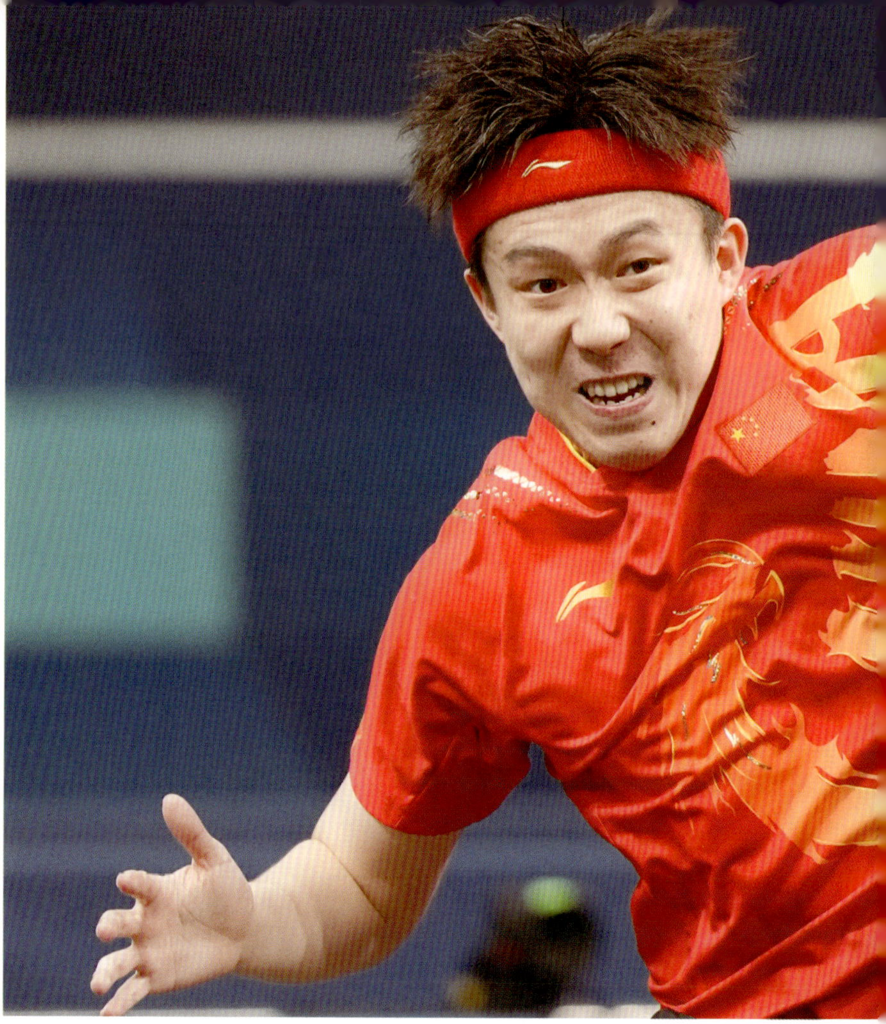

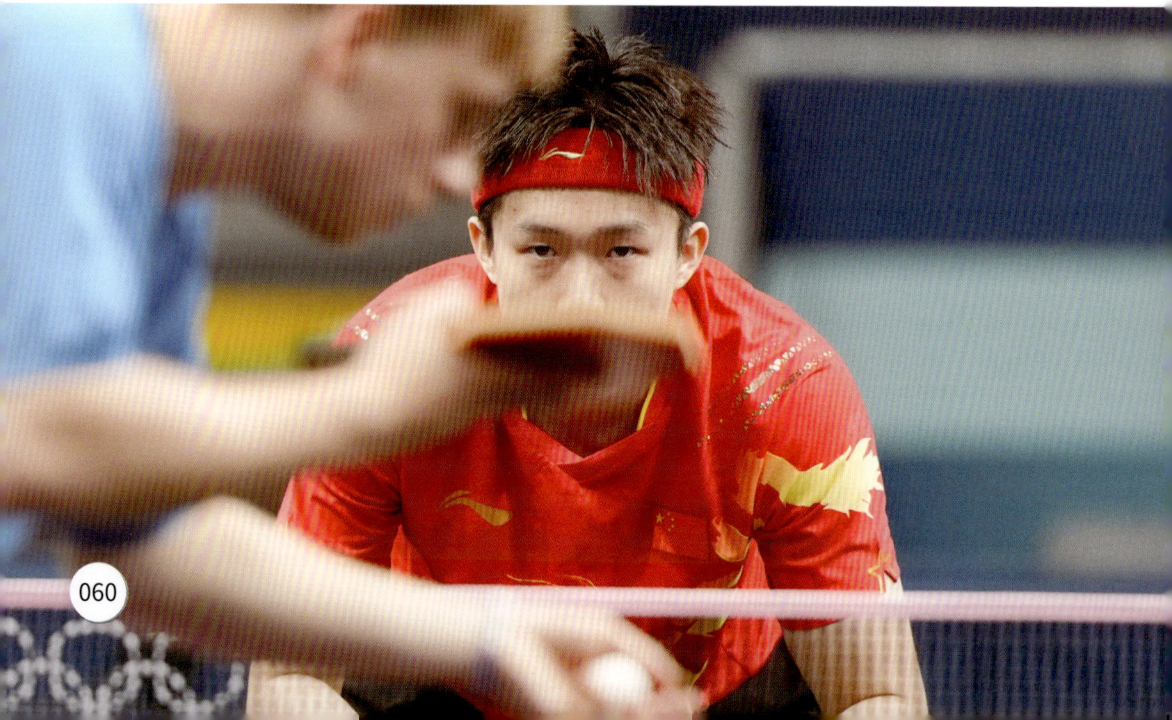

061

062

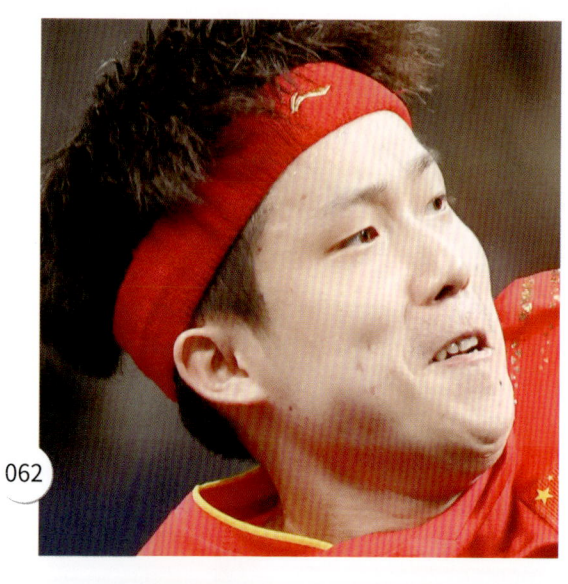

063

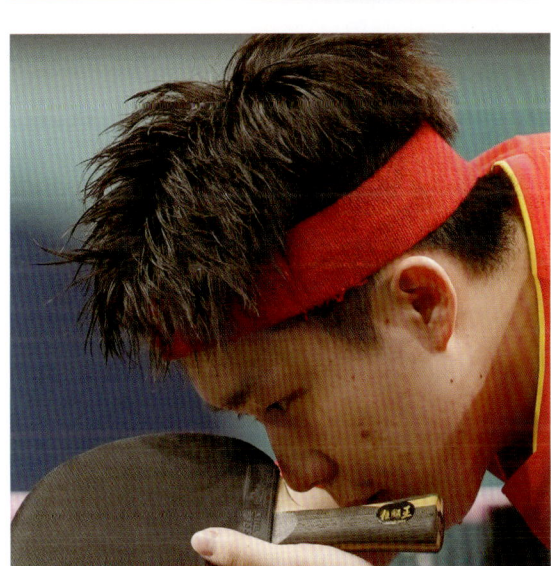

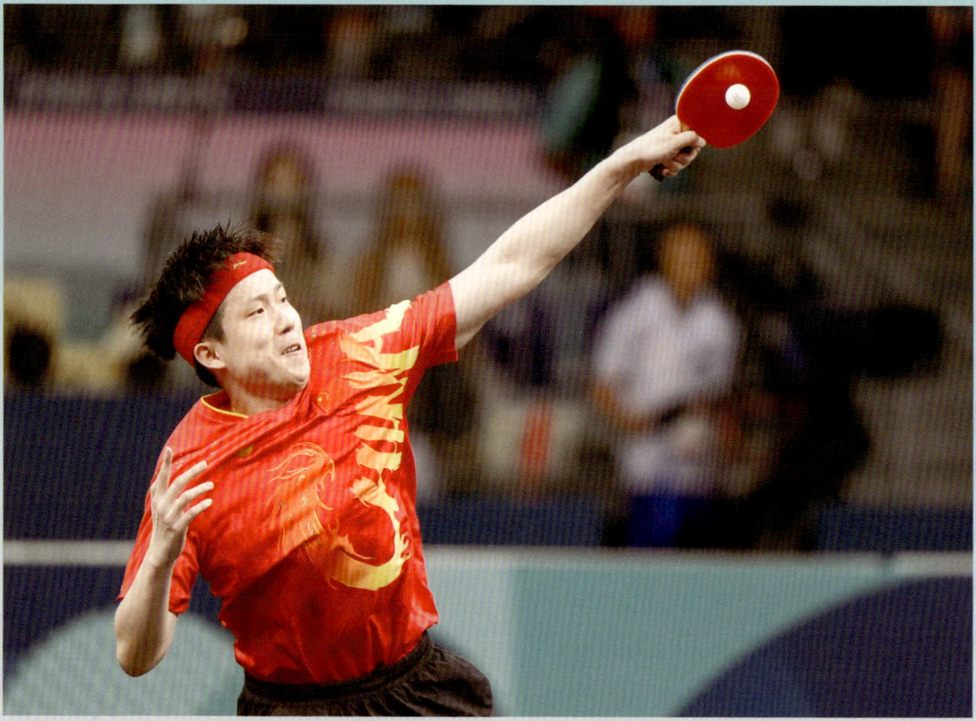

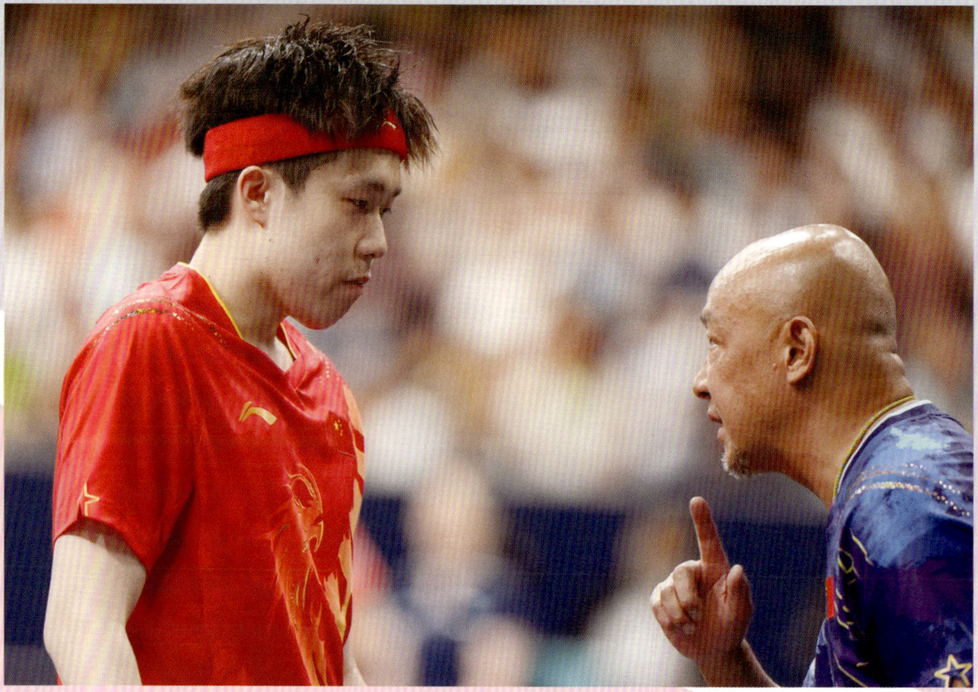

经过6局苦战，王楚钦以2比4（10-12，7-11，11-5，11-7，9-11，6-11）不敌对手，止步男单32强。

男 团

MEN'S TEAMS

1 / 8 决赛

PARIS 2024

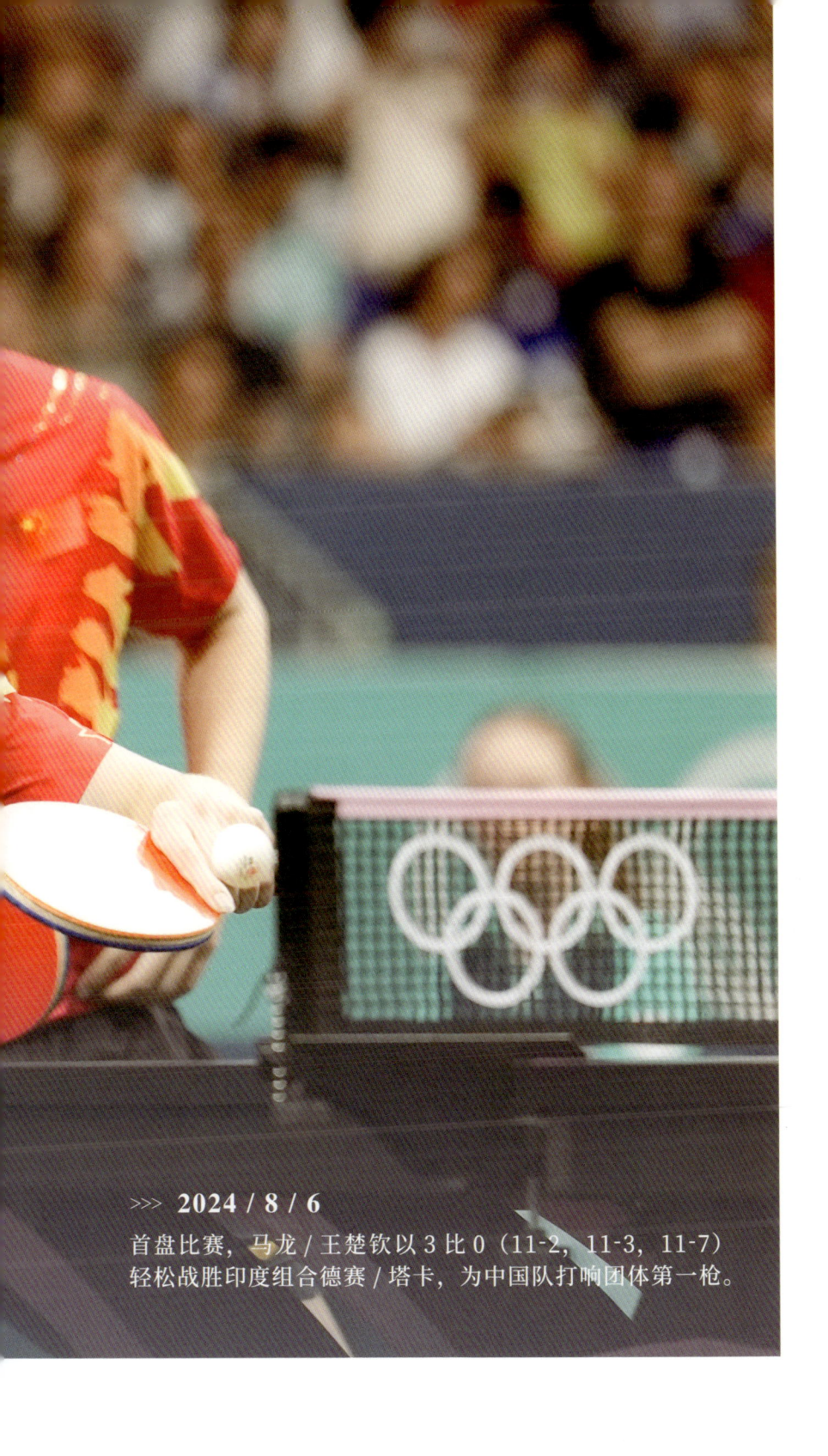

>>> **2024 / 8 / 6**

首盘比赛，马龙 / 王楚钦以 3 比 0（11-2，11-3，11-7）轻松战胜印度组合德赛 / 塔卡，为中国队打响团体第一枪。

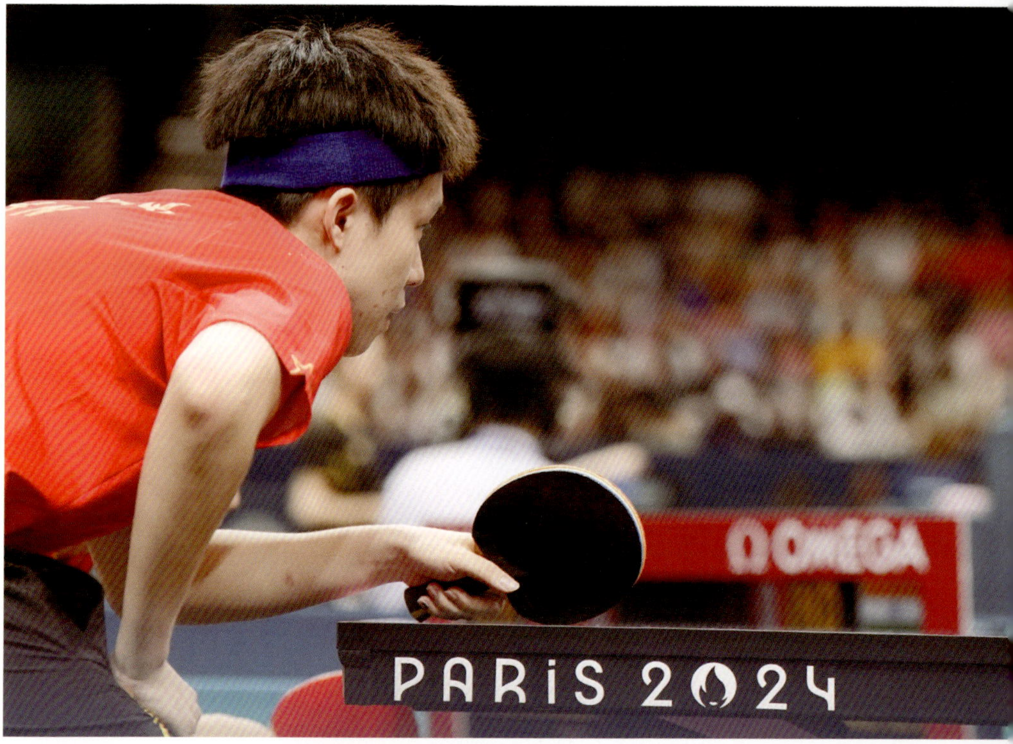
OMEGA
PARIS 2024

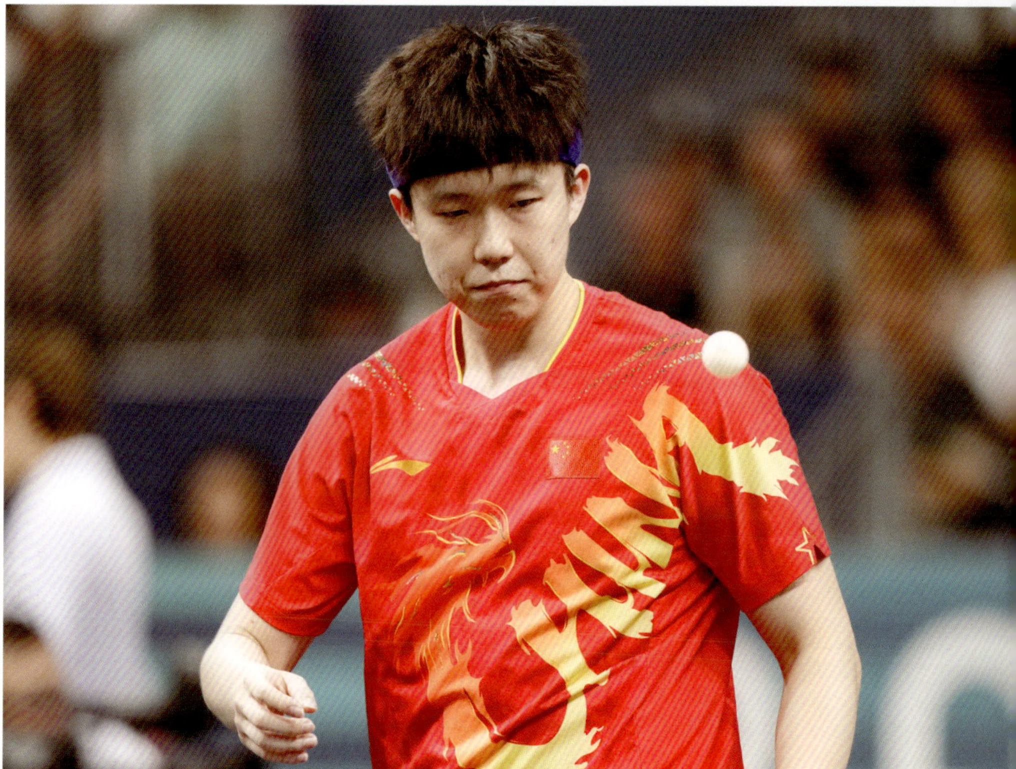

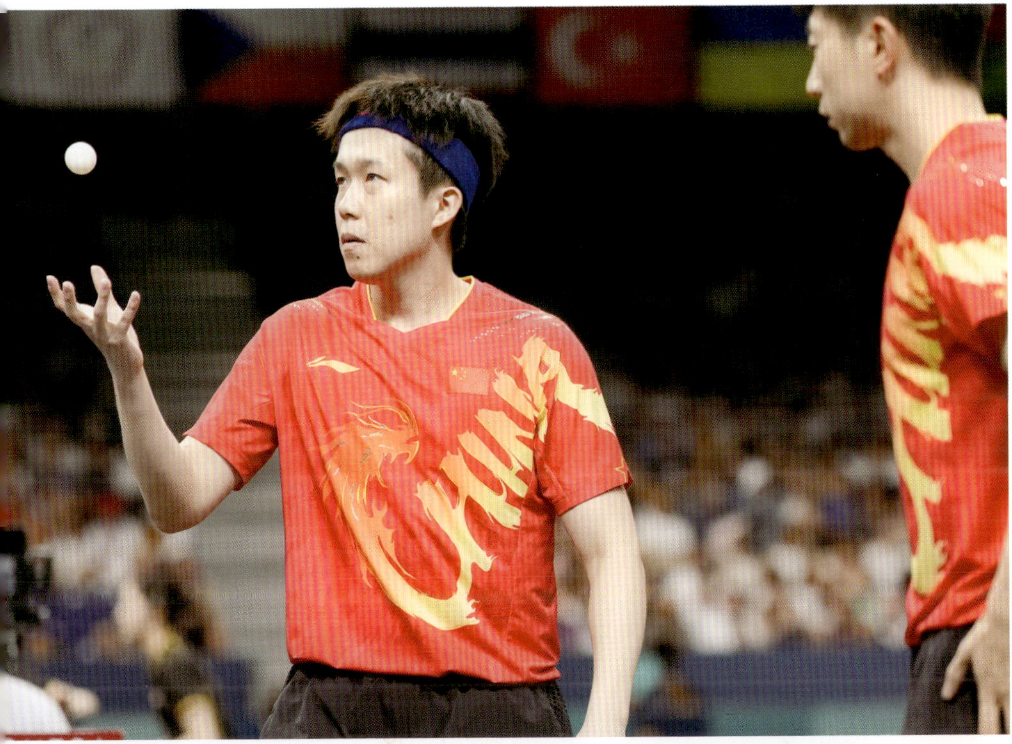
CHINA

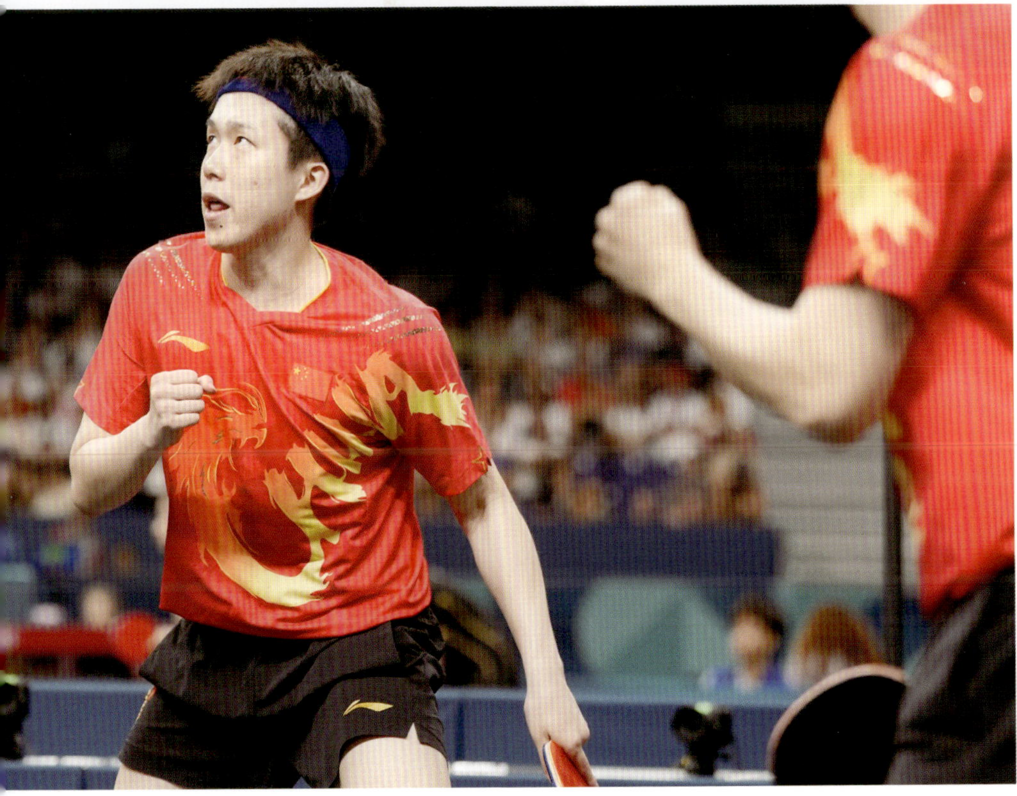
CHINA

072

第三盘单打，王楚钦3比0（11-9，11-6，11-9）战胜塔卡，中国队顺利晋级。

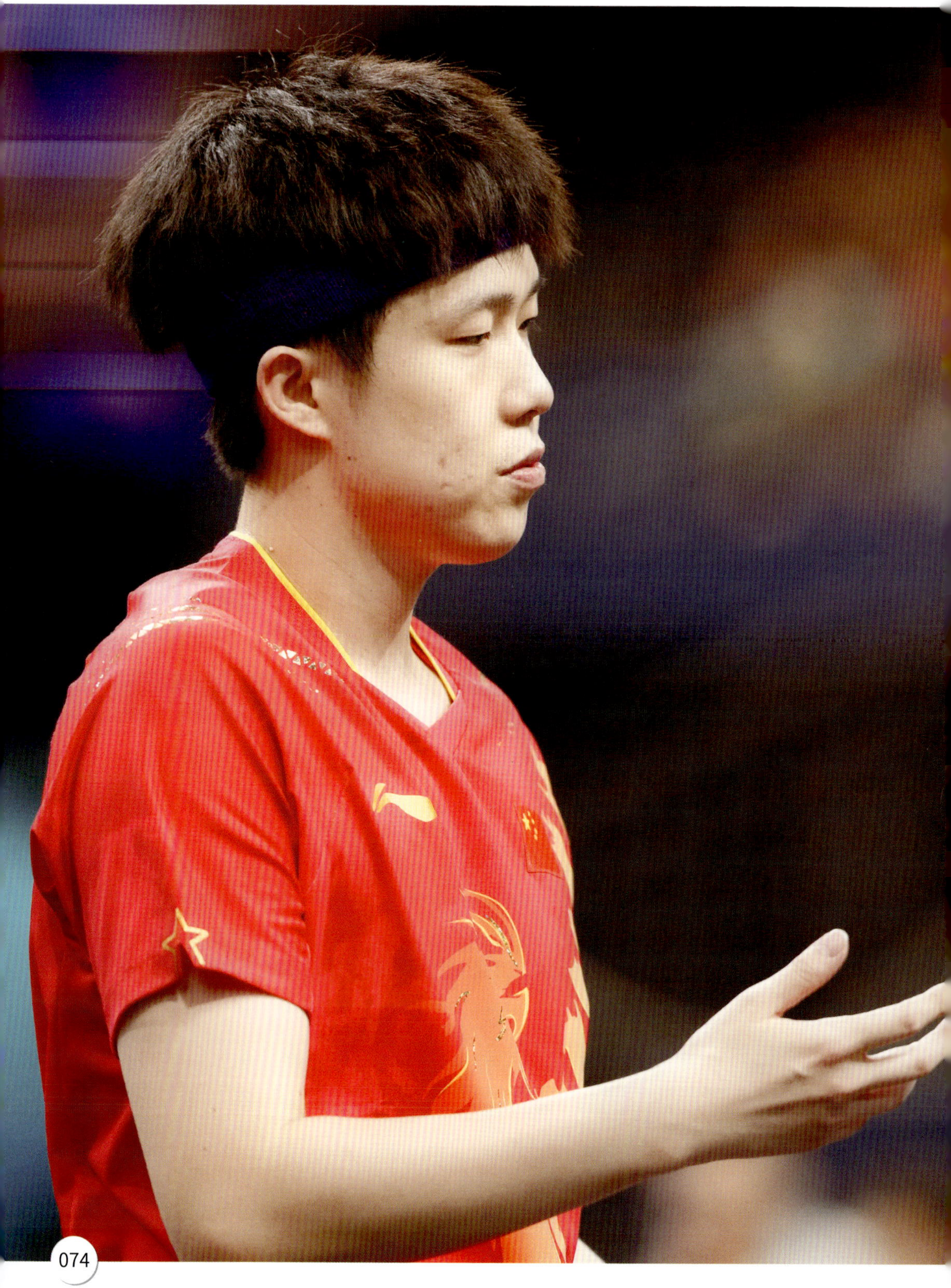

075

男 团

MEN'S TEAMS

1/4 决赛

>>> **2024 / 8 / 8**
中国队迎来老对手韩国队。
首盘比赛，马龙/王楚钦 3 比 0（11-5，11-9，11-5）
击败张禹珍/赵大成。

079

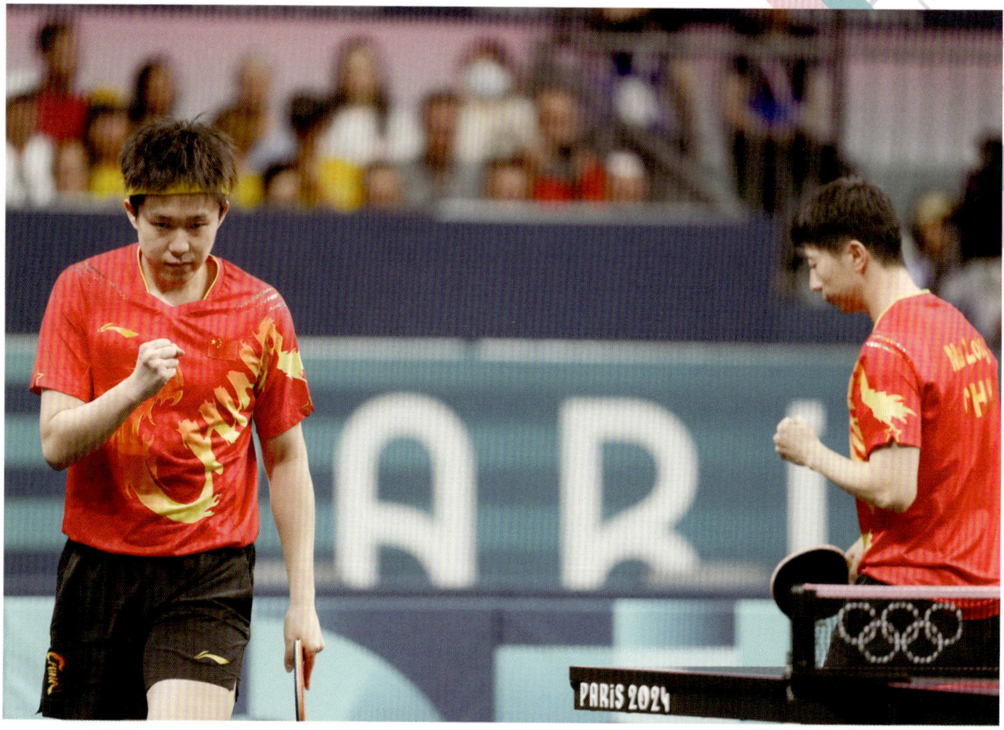
PARIS 2024

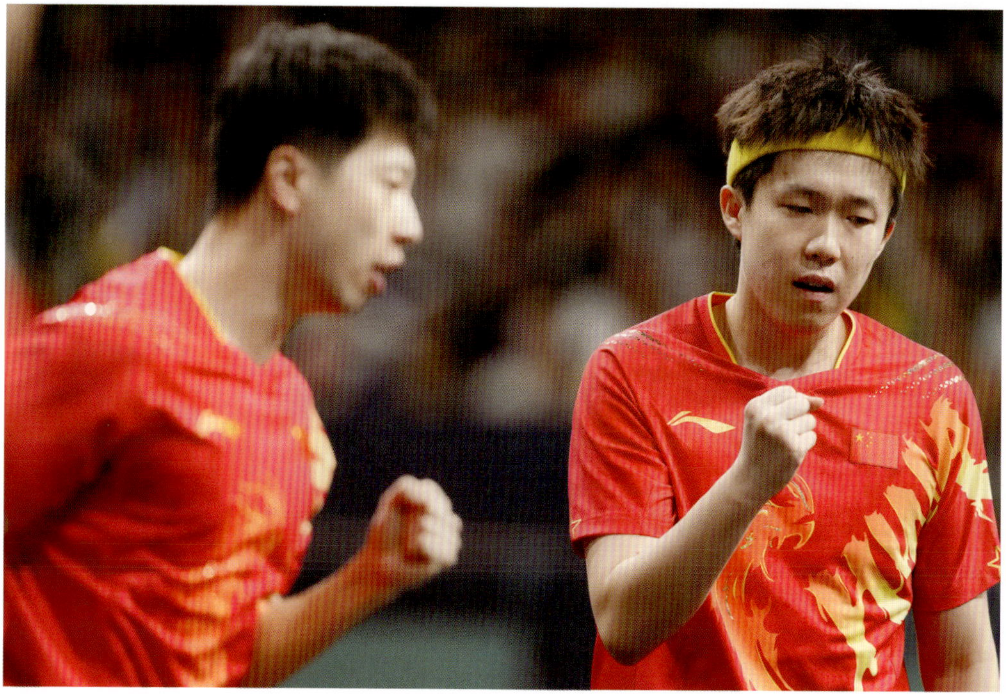

081

082

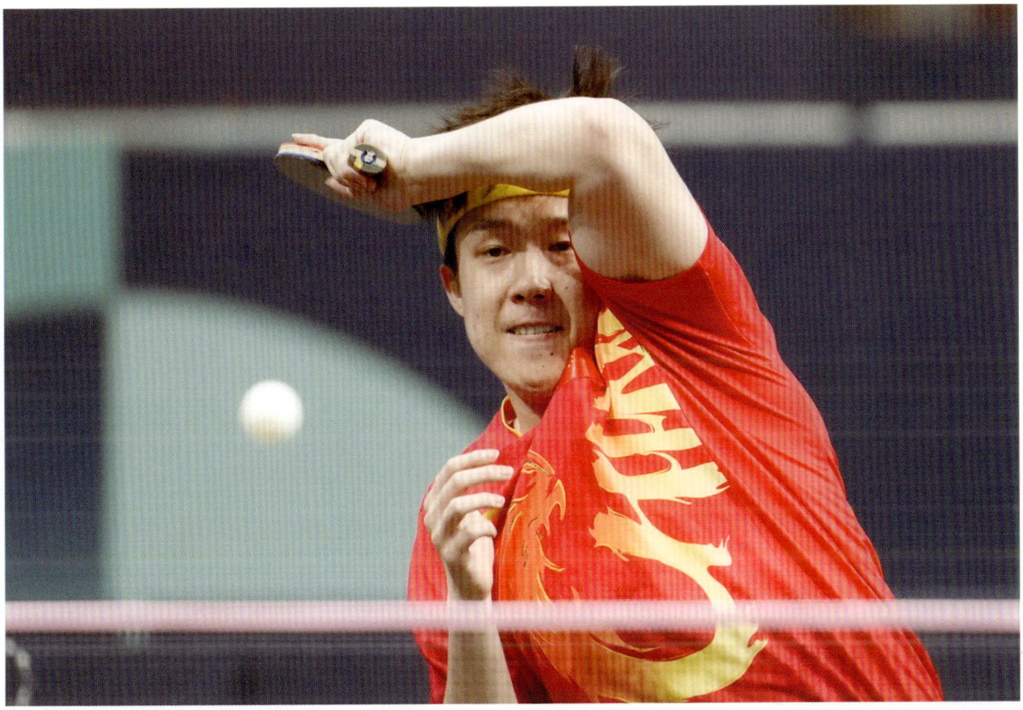

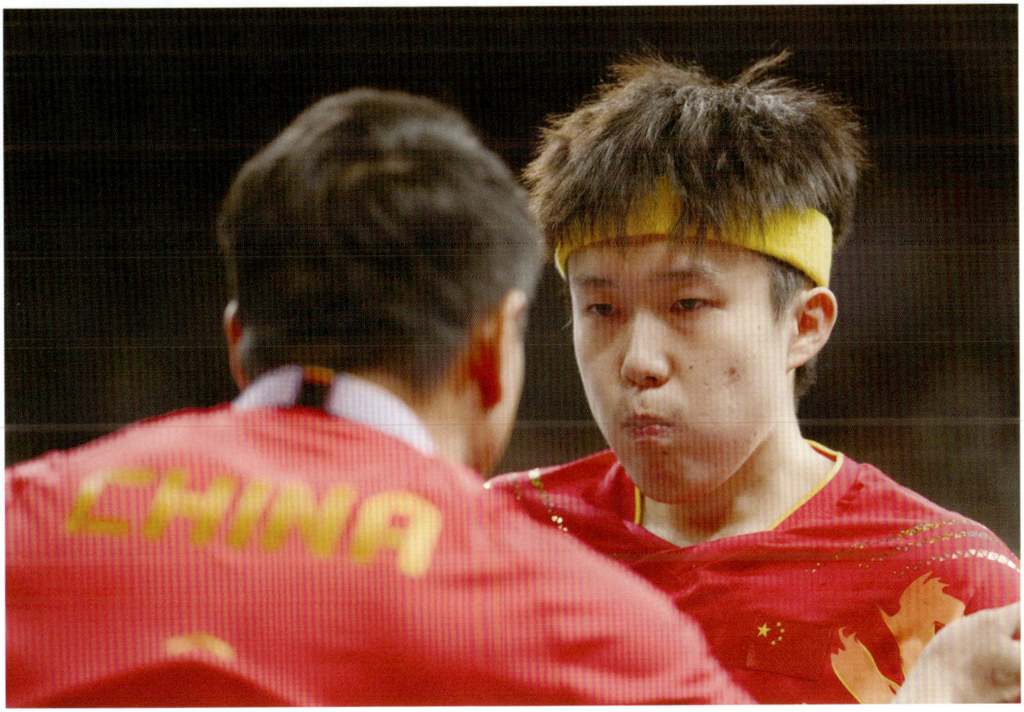
CHINA

第三盘单打，王楚钦 3 比 1（11-7，6-11，11-8，11-9）战胜张禹珍，一雪釜山世乒赛失利之耻。

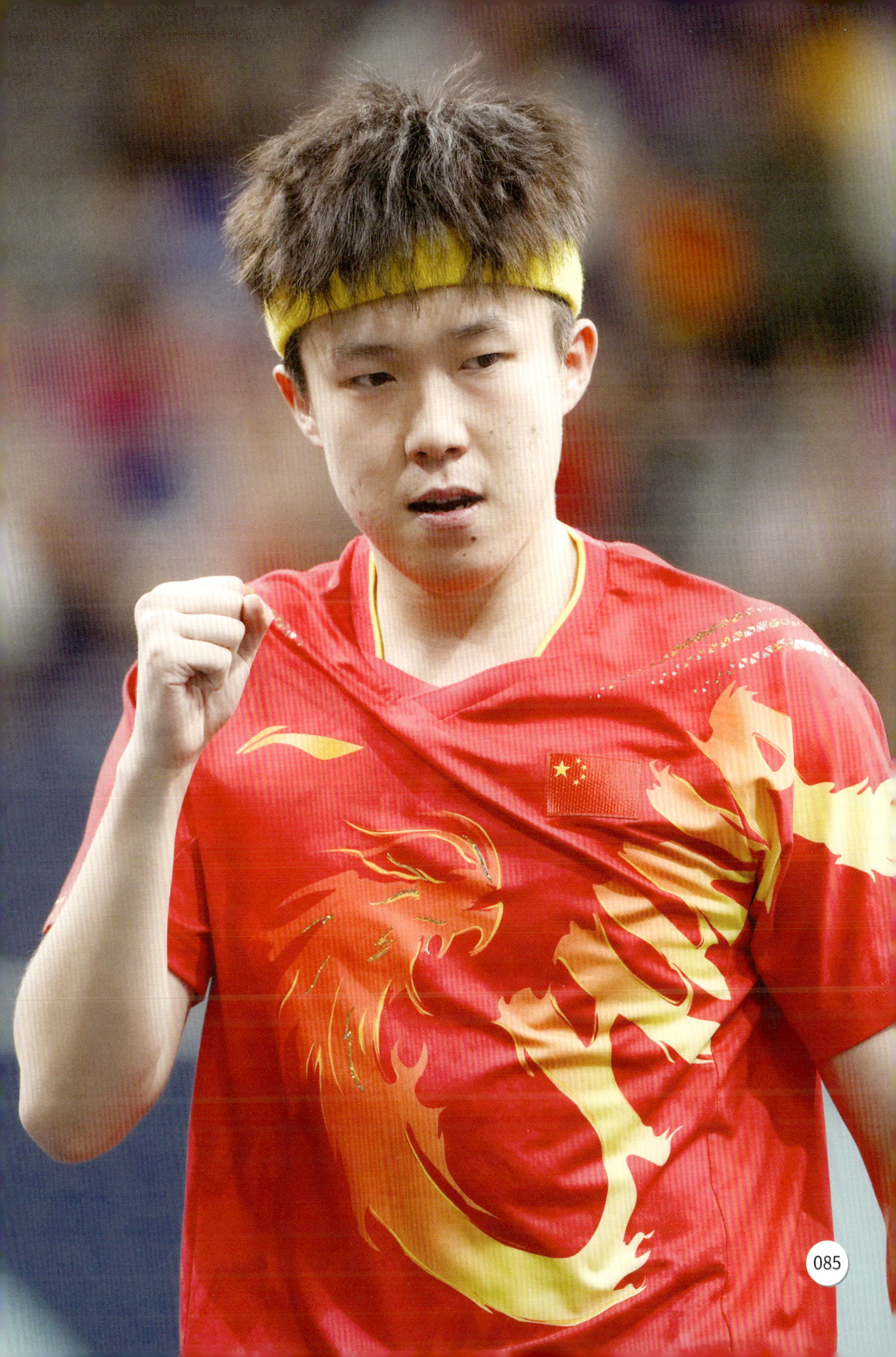

男 团

MEN'S TEAMS

半 决 赛

>>> **2024 / 8 / 8**
中国队与东道主法国队交手。

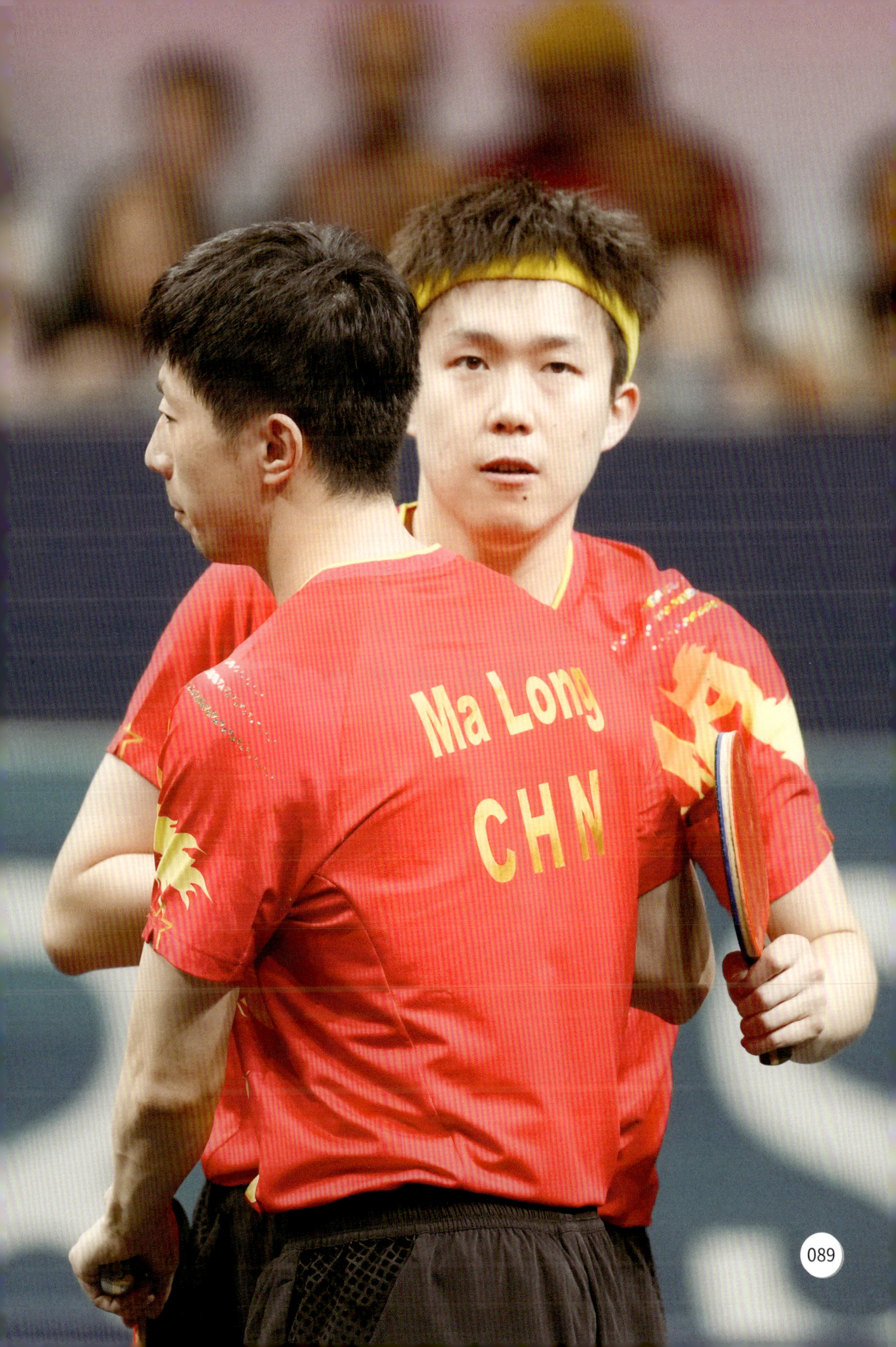
Ma Long
CHN

马龙/王楚钦顶住压力,首盘3比0(13-11,11-5,11-2)战胜艾利克斯/西蒙,延续着双打一局不丢的战绩。

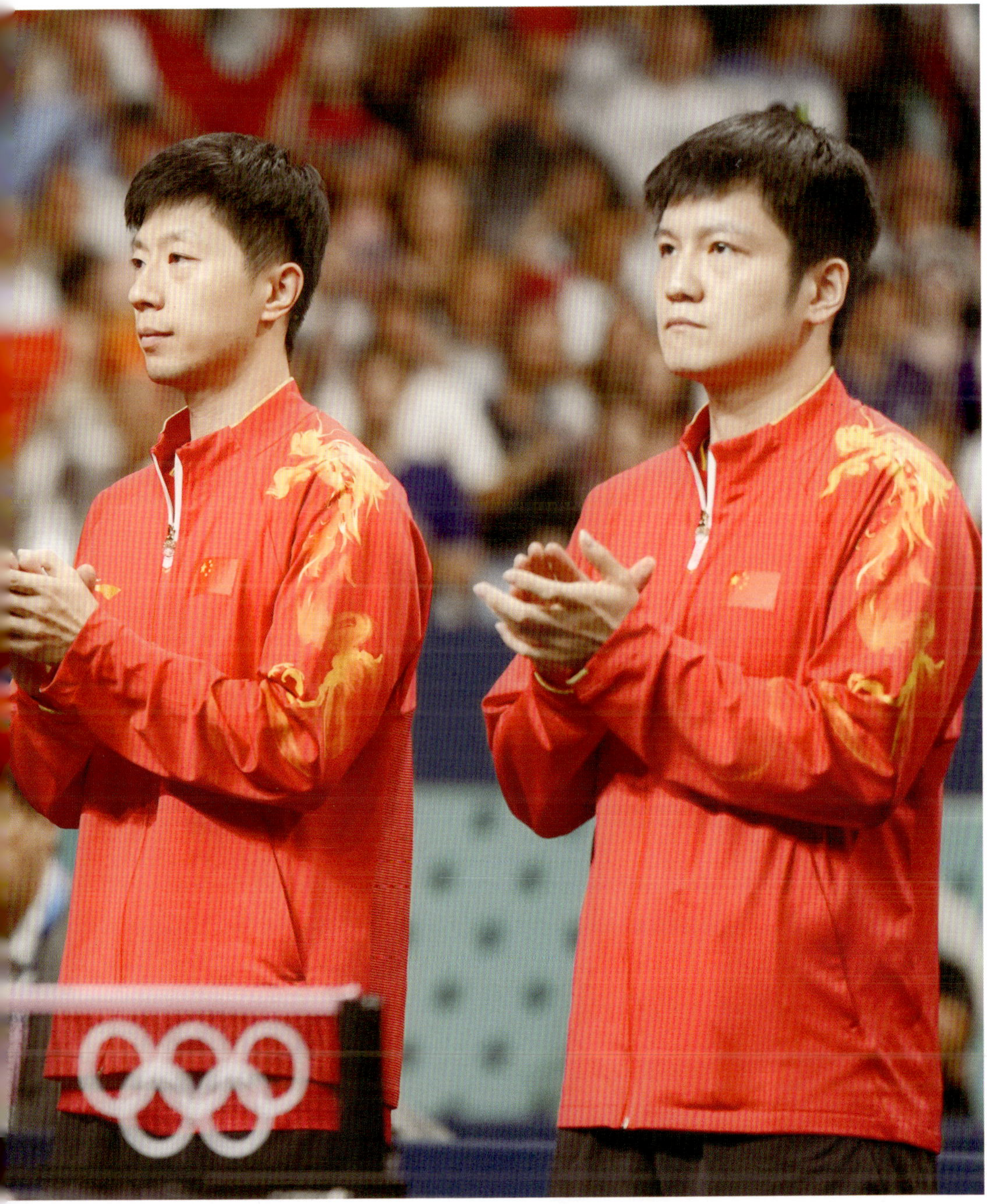

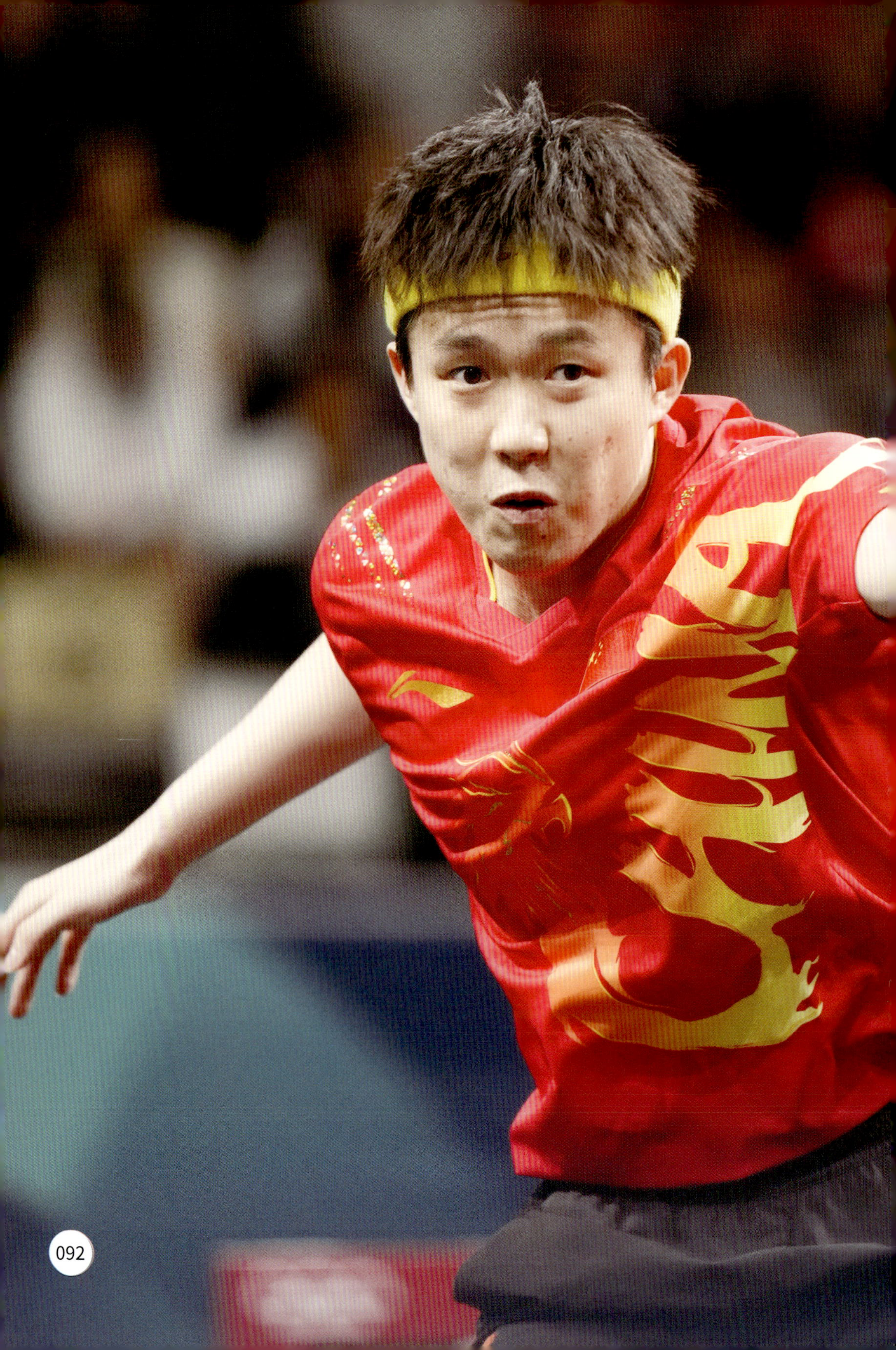

第三盘单打，王楚钦在先丢一局的情况下连扳三局，以3比1（7-11，11-8，11-9，11-1）击败艾利克斯，使中国队晋级决赛。

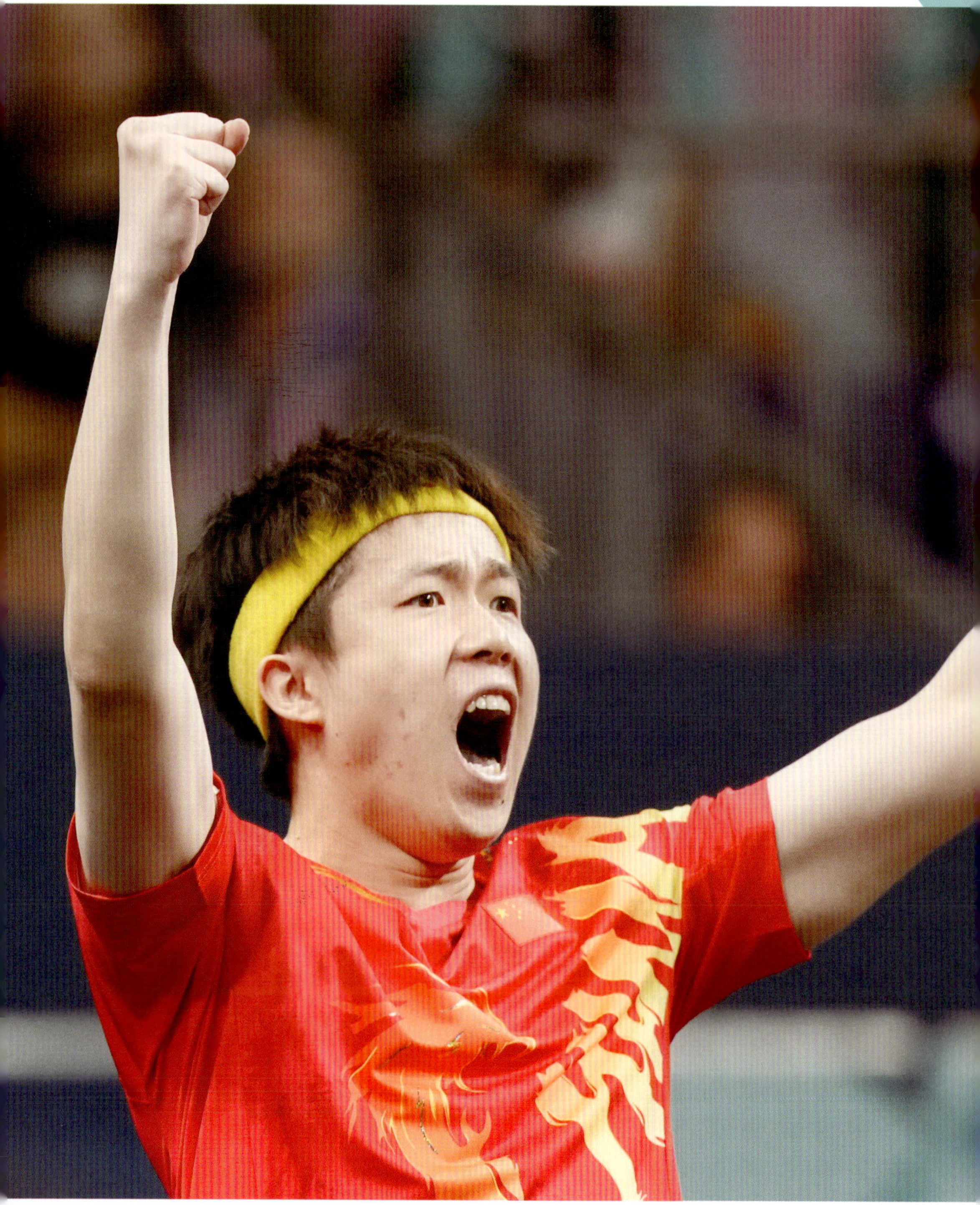

095

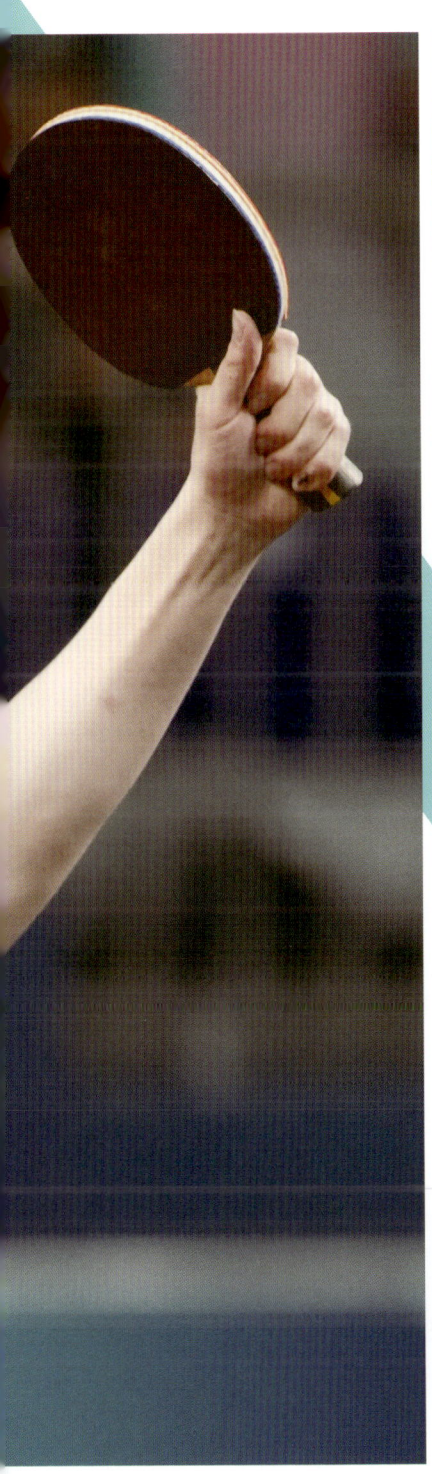

男 团

MEN'S TEAMS

决 赛

>>> **2024 / 8 / 9**
王楚钦依然领命首盘双打和第三盘单打。

099

经过与瑞典组合卡尔松/卡尔伯格惊心动魄的对决，马龙/王楚钦最终3比2（8-11，11-4，11-3，6-11，11-7）取胜，为中国队赢下决赛开门红。

第三盘单打，大比分领先的王楚钦面对卡尔松的强势反扑顶住压力，以3比2（11-9，11-5，10-12，10-12，11-2）为中国男队拿下巴黎奥运会的最后一分。

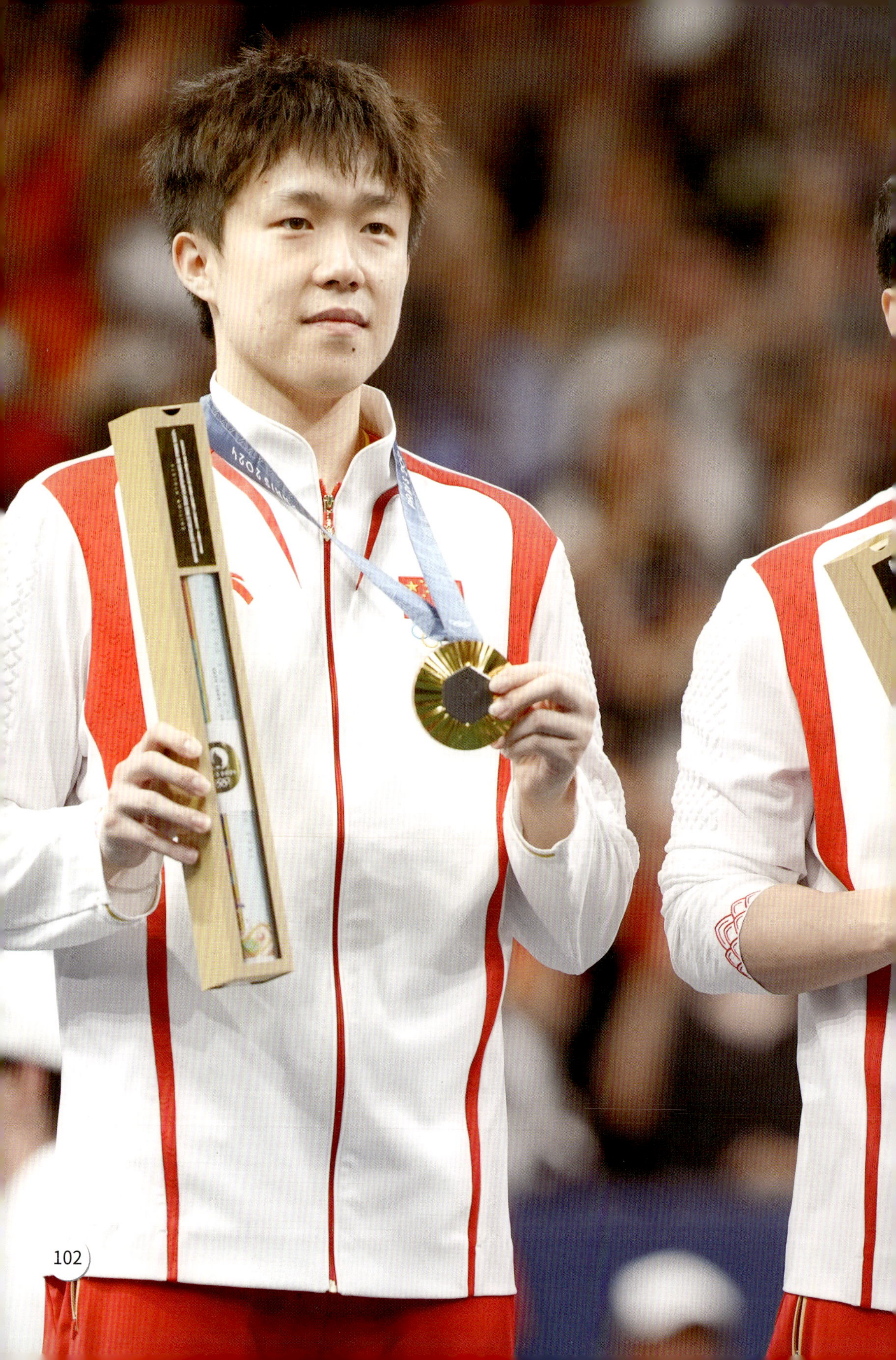

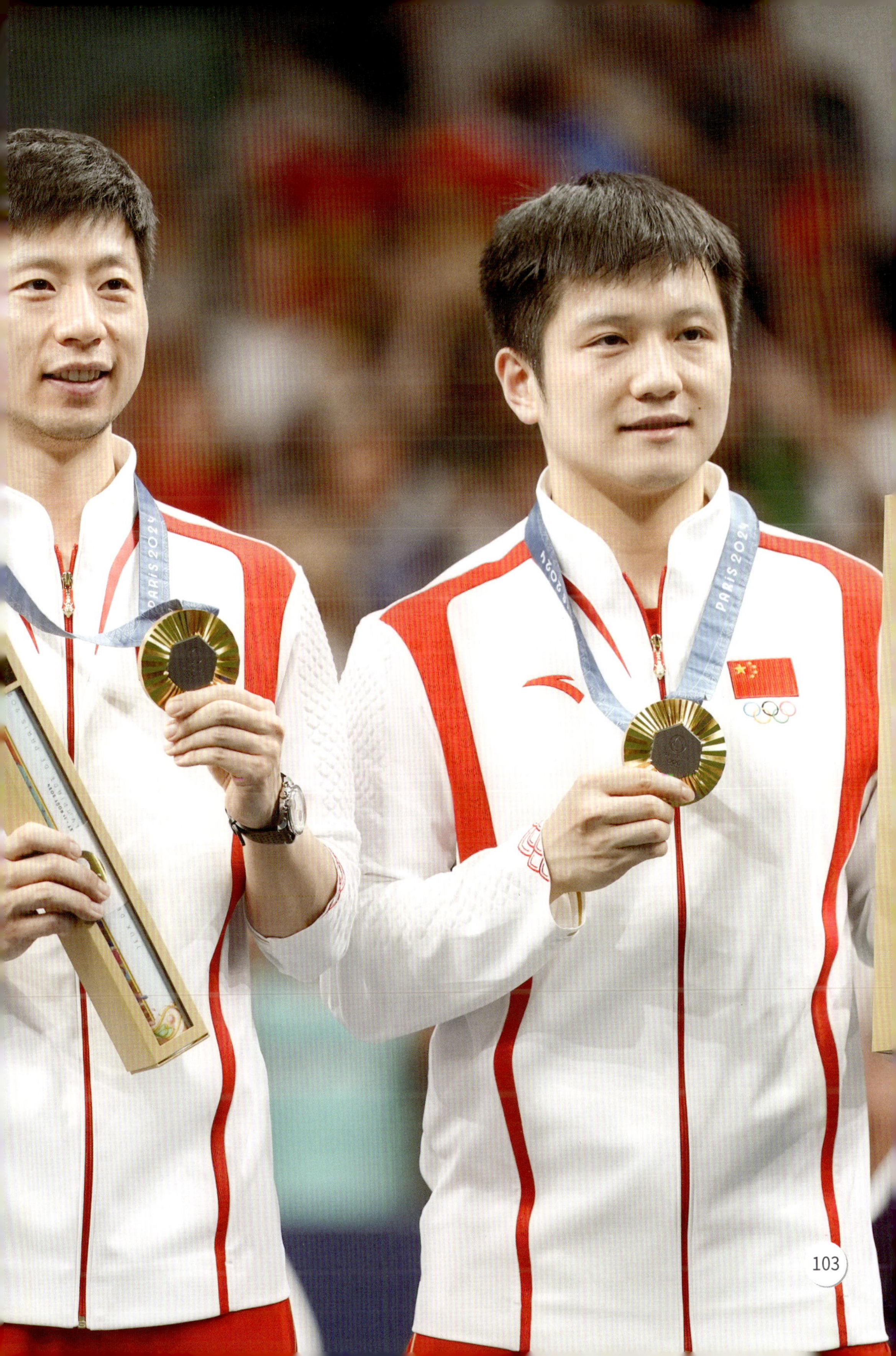
PARIS 2024
PARIS 2024

图书在版编目（CIP）数据

这里，群星闪耀：乒坛典藏·绽放巴黎.不一样的成长——王楚钦 /《乒乓世界》编辑部编著. -- 北京：人民体育出版社, 2025. -- ISBN 978-7-5009-6575-6

Ⅰ. K825.47

中国国家版本馆CIP数据核字第20240GB166号

这里，群星闪耀：乒坛典藏·绽放巴黎.不一样的成长——王楚钦

《乒乓世界》编辑部 编著
出　　版：人民体育出版社
发　　行：人民体育出版社
　　　　　北京长江新世纪文化传媒有限公司
承印者：天津盛辉印刷有限公司印刷

开本：710×1000　16开本　　印张：35.25　　字数：123千字
版次：2025年3月第1版　　印次：2025年3月第1次印刷
书号：ISBN 978-7-5009-6575-6
印数：1—10,000册
定价：236.00元（全套）

版权所有·侵权必究
购买本社图书，如遇有缺损页可与发行与市场营销部联系
发行电话：（010）67151482
社　　址：北京市东城区体育馆路8号（100061）
网　　址：www.psphpress.com